EL OLEAJE DE TU RECUERDO

EL OLEAJE DE TU RECUERDO

JUAN DEL CAMPO

*INSTAGRAM: @ELJOTACE_*

Con "M" de mar.

Nota del autor:

Podría describirla de pies a cabeza,
aunque no es algo que puedas imaginar,
porque para entenderme, tendrías que visitar el mar.

Una parte de este libro es para ti y la otra para quien
la necesite.

Indice:

El mar y la poesía sanan.

Te extraño

Te extraño, porque cada parte de mí reclama por ti. Mis labios reclaman tus besos, mi piel tus caricias y mi corazón me pregunta cuándo volverá a latir tan rápido como la primera vez que te vi. Te extraño cuando camino por el parque y el viento ya no me impregna con tu perfume. Cuando miro al armario y la ausencia de tu ropa confirma que es real.

Te extraño al despertar y, aunque me doy cuenta de que la cama es más grande de lo que pensaba, dormir en la orilla me gustaba. Quizás no lo sepas, pero me gustaba la forma en que me mirabas por las mañanas, cuando me sonreías y me hacías sentir que estabas en paz por estar a mi lado.

Extraño todas las fotos que llenaban la memoria del celular y mis recuerdos. Se quedaron tantos "te amo" en el eco que resuena por el enorme vacío en mi auto. Las marcas de tus tenis en el tablero, el recuerdo de tu sonrisa, tu mano acariciando mi cabello y tus ojos entrecerrados cuando sonreías mientras manejábamos sin rumbo.

Hoy no sé dónde estás, ni hacia dónde vas. No sé si tus planes cambiaron o, si ya los lograste y me los perdí. Recorrer los lugares que frecuentábamos no se siente igual sin ti, pero es tiempo de enfrentarlos y ponerles fin. Te extraño, pero llegó la hora de seguir.

Mis sábanas y yo

Anoche mis sábanas me preguntaron por ti y no supe qué responder. Y es que te extrañan tanto como yo, me atrevería a decir que me cuestionan porque poco a poco de ellas se borra tu olor. Extraño tanto tu calor, tu sonrisa, tus caricias y tus ojos por las mañanas.
Me está costando calcular la cantidad exacta, para preparar un platillo en vez de dos al desayunar. Abrir la repisa y solo tomar mi taza mientras la tuya se queda ahí en la oscuridad. Junto a las tazas extra que nunca usamos, pero nos gustaba coleccionar.

Miro a la habitación y mis sábanas no dejan de preguntarme si vas a volver. ¿Cómo voy a saberlo? Si no entiendo ni por qué te fuiste. Estoy pensando en conseguir nuevas, porque estas no me dejan olvidarte; se aferran a ti y me llevan con ellas cuando quiero salir de esto.

Anoche mis sábanas me volvieron a preguntar por ti, y con lágrimas les respondí que no lo sé, que yo también quisiera saberlo. Tener una señal de que estás bien, y eres feliz. Hablamos toda la noche, lloramos, reímos y agradecimos haberte conocido. Porque aunque ya no estás aquí, la historia que vivimos y la etapa de lo que fuimos, fue de esas que se vuelven un clásico.

Te deseo lo mejor.

Con amor, mis sábanas y yo.

Probablemente

Ya encontrarás a alguien, que al igual que a ti, le guste cocinar. Que se ría de tus chistes sin parar. Que te vea como la última rebanada de pizza, con parmesano rallado y orilla crocante.

Probablemente encontrarás a alguien que le guste leer y hablar de libros, salir a caminar e imaginar una vida juntos. Sin duda, encontrarás a alguien a quien tus amigos van a amar. Alguien con quien no vas a tener que explicarles a los demás que estás en una relación, porque esa persona sí se lo va a tomar en serio y, por consecuencia, la relación lo va a reflejar.

Probablemente vas a encontrar a alguien que te dé paz y no te la robe. Alguien que esté en tu mismo equipo y que, aunque a veces no persigan las mismas metas, se respalden para alcanzarlas. ¡Claro que vas a encontrar a esa persona! Y todo va a ir tan bien que parezca irreal, pero no lo será, porque a pesar de los problemas te va a amar. Siempre propondrá soluciones para continuar.
El universo no se olvida de ti. Es solo que a veces tiene que prepararte para que sueltes y, en el futuro con esa persona, no lo eches a perder.

Probablemente lo encontrarás o a menos que hayas vivido algo así escribirás, para recordar que un día encontraste a alguien especial.

A vece el café se enfría

A veces el café se enfría y no sabe igual. A veces el tren se va y el siguiente no está tan mal. A veces la gente se cansa de esperar y comienza a avanzar. El detalle está en que aquellos que ya no están, cuando piensan en volver, intentan buscar en el mismo lugar.

A veces el café frío sabe bien, pero nos da miedo saber que así pueda ser. A veces la nueva ruta tiene mejores vistas y jamás lo íbamos a descubrir si siempre tomábamos la misma. Por sentido común avanzar nos va a llevar más lejos, que quedarnos en el mismo lugar.

A veces el café se enfría y lo hacen Frappé o en las rocas. A veces es Cold Brew, otras ya ni sé con tantas bebidas que se inventan a base de café. Lo que quiero decir es que a veces el café se enfría y está bien.

Creo que la vida no es una carrera, tampoco una sala de espera en donde te sientas aguardando por recibir tu turno, buenas o malas noticias, o tu siguiente vuelo. Más bien creo que la vida es un parque con atardeceres hermosos. Lleno de bosques y naturaleza, vistas increíbles que solo se logran ver parado en la sima de la colina. Llegar ahí a veces lleva tiempo, pero sin duda creo que el café frío o caliente se disfruta más, cuando dejas de esperar y comienzas a avanzar.

Te fuiste y me dejaste los recuerdos

Te fuiste y me dejaste los recuerdos, los buenos y malos momentos. Las caricias, los últimos besos y el olor de tu piel. La noche me pregunta por ti cuando quiero dormir y aunque ella misma te vio partir, y después de unas semanas ser feliz, estando como si nada, me sigue preguntando por ti.

A veces mi piel te extraña, y mi corazón espera en vela por la noche tu mensaje antes de dormir. Trato de explicarle que ya no habrá más esos, pero se niega a creerme y decide esperar hasta el amanecer. Mis ojeras comienzan a notarse y en la oficina sonrío para no llorar, aunque a veces el baño me invita a desahogarme.

La comida comienza a dejar de gustarme, sé que tengo que comer, pero genuinamente el hambre ha emprendido un viaje en el que no tengo idea de cuándo va a volver. No he tenido el valor de borrar nuestras fotos, quizá una parte de mí espera que vuelvas. Quizá debería borrarlas.

Hoy me apunté al gimnasio y no sé si fue que me cansé de llorar o de darlo todo hasta no poder más en sentadillas con peso libre, pero al fin pude dormir. También he notado que el hambre volvió de sus vacaciones, al ver que al hacer ejercicio quemaba la única comida del día.

Sigo pensando en ti, no te lo voy a negar, pero llevo un mes en el gimnasio y al espejo comienzo a notar que la persona que veo ahí, me agradece por volver a ser yo, antes de ti. Y también por esos nuevos glúteos que me cargo.

He dejado de recordar nuestras fechas importantes, cosas que me contaste y el olor de tu piel fue remplazado por el nuevo perfume que me compré. A veces el baño me sigue invitando a desahogarme, pero he dejado de aislarme y ya no es necesario llorarle.

Me quedé con los buenos momentos, con la vez que te conocí, los primeros encuentros de nuestros ojos, el primer coqueteo, la primera cita. Me quedé con el amor del que me enamoré y dejé de juzgar a la persona que conocí por la persona en la que te convertiste.

El oleaje de tu recuerdo.

La noche sigue preguntándome por ti, sin embargo ahora ya puedo decirle que tengo que dormir, porque he descubierto una vida nueva sin ti.

Hoy cociné y me acordé de ti

Hoy cociné y me acordé de ti. Te hiciste presente en el olor a pan tostado, huevitos revueltos y café. Me apena decir que los hotcakes no me quedan como a ti, pero me da gusto saber que fueron una de las cosas que dejaste aquí. Qué difícil es cocinar por las mañanas sin tus manos rodeando mi cintura, sin la dinámica de hablar de todo y a la vez de nada.

Por un segundo mientras cocinaba deseé con todas mis fuerzas voltear y verte ahí, simplemente observándome y existiendo mientras sonaba nuestra canción. Extrañé tus "te amo" y "tus no sabes lo feliz que soy a tu lado". Mis dos pies izquierdos después de tanto negarse por temor a pisarte, ahora extrañaban nuestros bailes en la cocina. Hasta Alexa me preguntó si debía hacer sonar nuestra canción, pero le dije que no, que hoy no.

Sabes, no ha sido fácil el camino. Sin embargo te agradezco por ser parte de mi historia, historia que aún sigo escribiendo y tu capitulo ha sido el mejor de todos. Estoy seguro que te seguiré extrañando por mucho tiempo, en los atardeceres, en cada taza de café, al llegar a casa y por las noches cuando me vaya a dormir y no estés ahí.

Sin duda quiero agradecerte por la persona que soy, porque confiaste en mí mientras estuviste aquí. Hoy cociné y me acordé de ti, pero esta vez sonreí.

Pedazos de mí

Me he roto en tantos pedazos que a veces olvido dónde va cada uno. Me han lastimado tanto que he dejado de sentir, pero chingo mi madre si me quedo ahí. Porque si pude una vez, puedo dos, tres o las que vengan. Y aunque en este momento soy un rompecabezas, cada pieza lleva una historia y una lección diferente.

Sé que es cuestión de armarme con paciencia, dedicación y constancia. Me debo una disculpa por permitir que me trataran como les dio la gana, y aquí se acabó, porque de ahora en adelante mi mejor versión va a deslumbrar hasta el sol.

Mi vida sabe mejor sin ti

Te extraño, pero me gusto más sin ti. Volví a ser yo, a dejar de preocuparme por tener que comportarme de una u otra forma para evitarte hacer enojar. Al fin dejé de reprimir las cosas que me divertían y a ti te parecían aburridas.

Comencé a vestir lo que se me da la gana, a ver las películas que a mí me gustaban y dejé de asistir a eventos a los que no quería ir, solo para parecer una pareja feliz.

Te extraño y no te lo voy a negar, porque te amé de verdad. Las sábanas son testigos de los besos que nos dimos, las caricias, los te amo que prometían no tener final, las veces que llorando me dijiste que nunca te ibas a marchar.

Mis amigos me preguntan por ti, la abuela te extraña. Las cenas en familia guardan tu lugar; ellos no saben que ya no vas a regresar, pero me gusta más así sin ti, ahora tengo más espacio para mí.

Fui mucha salsa para tus tacos, mucho arroz para tu caldo, demasiada carne para tu puesto, por supuesto que no ibas a saber qué hacer con tanto. Pero esto ahora que me miro al espejo lo entiendo, porque cuando me miraba en el reflejo de tus ojos, me decían lo contrario.

Algún día le pedí al universo que quería conocerte, pero hoy le ruego no volver a verte, porque temo que puedas volver a convencerme de intentarlo. De repararlo. De volver a pegar algo que ya se ha fracturado.

De verdad te extraño, pero mi vida sabe mejor sin ti.

¿Amor por temporadas?

No mereces amor por temporadas, porque estoy seguro de que sabes amarte en cada estación del año. Cualquiera va a prometerte la vida entera y pocas veces esa promesa será sincera. ¿Para qué esperar algo que tú puedes darte, para qué buscar lo que no es real? A veces es necesario parar y uno mismo comenzarse a regar.

Sanar heridas, cerrar ciclos y avanzar. Eventualmente, el amor te va a encontrar, y te prometo que es más genuino cuando lo dejas de buscar.

Lo fácil que es enamorarse

Enamorarse es fácil. Solo necesitas tenerle miedo a la soledad, que aparezca una persona que cubra tus necesidades en ese momento, que esa persona sea atractiva para ti, y pasen unas cuantas semanas o días incluso, y ya está. Escuché por ahí que enamorarse involucra más a las emociones que la razón. Por eso es fácil.

Pero amar, amar es otra cosa. Amar es decidir, todos los pinches días, consciente y asertivamente. Es saber que no siempre todo va a estar bien, pero si ambos están dispuestos, no hay obstáculo que pueda interponerse. Amar es escuchar y ser escuchado, es entender y adentrarse en lo que cada uno necesita del otro. Amar es aprender el lenguaje del amor de tu persona, aunque tu lengua principal sea otra. Amar es bonito y complejo a la vez.

Así que cuando encuentres a alguien que valga la pena amar, disfruta el estar enamorado y cuando pase, recuerda que no es fácil, pero vale completamente la pena.

Te di mi corazón y jamás te lo pedí de vuelta

Te di mi corazón y jamás te lo pedí de vuelta. Por mucho tiempo pensé que estaba incompleto, hasta que entendí que el corazón que dejé ir no pertenece a esta nueva versión de mí.

Te llevaste con él un amor de verdad, lo mejor que pude dar, algo que ya no vas a volver a encontrar. Estoy trabajando en una nueva versión, en un nuevo corazón que a paso lento se va cocinando. Ya no tengo prisa; es más, voy agradeciendo tus buenos deseos y creyendo en las excusas que me diste para terminar, en vez de la verdad.

He dejado de preguntarme qué hice mal, porque aprendí que no se pierde cuando amas de verdad. No fallaste tú, me fallé a mí. Al final permití tanto que no debió ser así.

Sigo trabajando en mí, en mis metas, salud y proyectos. Dándole al gimnasio hasta que mis nalgas me duelan tanto que no me pueda sentar, porque esta vez, si algo me va a doler, van a ser los músculos de tanto crecer.

Tampoco he dejado de leer ni de aprender; no quiero ir por la vida cometiendo los mismos errores una y otra vez. No fuiste un error porque toda relación comienza con amor y la disposición de dos.

Tuvimos buenos momentos y otros no tanto; sin embargo, te regalé mi corazón por si algún día te falta amor, sepas que alguien realmente te amó.

Estoy exprimiendo tu recuerdo

Estoy exprimiendo tu recuerdo como si fuera la última gota de agua en el desierto. Y lo peor de todo es que sé dónde se encuentra el río.

Pudimos habernos dicho adiós de infinitas formas: con un apretón de manos, un último beso en la frente, un abrazo, un "gracias por todo" y, sin embargo, nos dimos la espalda. Me asusta pensar que al cruzar la puerta hacia el futuro y cerrar con llave el pasado, te voy a olvidar.

Tal vez ni siquiera era el miedo de dejarte atrás, porque hacía ya un tiempo habías decidido tomar otra ruta. Hoy, por fin, decidí dejarte ir, sin rencor y desde el perdón, porque el universo me enseñó que recibo lo que doy.

Te voy a extrañar o, más bien, al recuerdo que mi mente decidió abrazar y convenció a mi corazón de no soltar.

Aprendí a guardar mis risas

Es momento de dejar de compartir mis risas con cualquier persona, porque entre carcajadas algo se genera. Algo que se queda y se lleva quien se va. No tengo idea si con el tiempo los recuerdos que mi mente recrea cesan y mis risas se dignan a regresar.

He decidido empezarme a cultivar, dejar de vincularme a la primera. Darle al gimnasio, a bailar, salir a caminar, a correr o simplemente a observar el mundo. El ruido de la ciudad, el mar, el silencio de la noche, el bullicio de un café con decenas de pláticas ocurriendo a la vez, mientras intento leer o hacer aquello que me dé paz.

Estoy aprendiendo a no compartir mis risas con cualquiera y, aunque es difícil saber quién se queda o quién se va, elijo por un tiempo el camino de la felicidad, aunque eso implique un viaje en soledad.

Dejar de escapar a otros brazos y entender que está bien querer desparecer por un momento. Razonar que los libros son el mejor lugar y no una persona nueva que solo supla una necesidad.

Decidí guardarme mis risas solo para mí, mientras camino por algún lugar de mi ciudad, viajo por el mundo o me siento a meditar. Guardarla en los recuerdos que mi mente atesora, mientras teje esa historia que espera ser contada, a quien no tenga duda de querer compartir su vida conmigo.

Me doliste hasta el alma

Me doliste hasta el alma, y fue tanto así que de verdad pude verla partirse en mil pedazos. Cada uno de ellos esperaba una respuesta por las noches. Respuesta que, obviamente, no pudiste darme. Aún recuerdo esa última plática con una presión en mi pecho, donde cada disculpa iba acompañada de una justificación, lo que la convertía en una explicación, y yo solo quería un perdón de corazón.

Acabaste con lo que teníamos, derrumbaste lo que habíamos construido, pero sabes qué, ¡me vale madre! Es mi oportunidad para reconstruirme, desde el amor abrazarme y resignificar cada pedazo de mi ser. Necesito darle un propósito nuevo a mi vida, sanar la herida y tal vez hasta invitarme a un café a solas conmigo.

Aún no sé lo que va a suceder, pero si algo tengo seguro es que no te quiero volver a ver.

Te escribo desde el café

Te escribo desde el café para decirte que nunca perdí la fe en ti, solo me cansé. Y no hay rencor. ¿Cómo podría haberlo para alguien que aún sigue en mi corazón? Al fin te solté. Avancé. Mi almohada fue testigo de cuánto te amé, y el techo de mi habitación, de lo mucho que te lloré.

Me enseñaste tanto y de todo, que aunque ya no estás, me siento afortunado por este amor fugaz. Miramos el cielo y contamos las estrellas. ¡Qué gran idea! Ahora, en tu ausencia, te veo en cada una de ellas.

Sané y descubrí que de amor nadie se va a morir. Te escribo desde el café porque hoy te extrañé y decidí salir en vez de volverte a escribir.

No lo voy a negar, a veces muero por volverte a ver, pero me prometí que ya no lo volvería a hacer.

Deseo que un día encuentres

Deseo que un día encuentres a esa persona que te haga segunda, que se ría de tus chistes sin sentido, que te mire a los ojos y te diga que todo va a estar bien cuando sientas que tu mundo se viene abajo.

Realmente espero que encuentres a alguien que te haga reír en vez de llorar. Alguien con quien te sea difícil generalizar que todos son iguales porque este sí es diferente. A esa persona que sí quiera construir un futuro a tu lado, que no le asuste tu intensidad y esté dispuesta a quedarse cuando las cosas se pongan difíciles.

Espero que encuentres con quien puedas ir a bailar, a cenar, por un café o simplemente a ver el atardecer. Alguien con quien puedas ser tú, que con o sin maquillaje, arreglada o no, te siga viendo hermosa.

Ojalá encuentres a alguien con quien compartir tus fines de semana, alguien que te prepare la botana para tirarse a ver películas todo el día y por la noche hacer la cena, vinos y pastas a la luz de las velas.

Anhelo que encuentres a alguien que sea tu punta de lanza y no tu ancla, que te inspire admiración y superación cada vez que le mires. De verdad confío en que encontrarás a alguien que tenga un amor recíproco al que tú das, que te deje mensajes inesperados y te haga llamadas para decirte que te ama.

Espero que encuentres a alguien así, que te haga sentir lo que nadie nunca antes te hizo vivir.

Un día me vi al espejo

Un día me vi al espejo y me di cuenta de que no todo estaba bien. Que mis ojos no brillaban como todos me decían, que me estaba inventando una historia, para poder sobre llevar el día a día. Me di cuenta que detrás de mi sonrisa, existía una cara triste que nadie más veía. Y al fin, paré.

Comencé a escucharme y a aplaudirme por todo lo que implica llegar al lugar en donde estoy. Me di cuenta que la mayor parte de tiempo, las personas aplauden los logros, pero nadie se preocupa por el proceso. A pocos les importa los días en los que ya no puedes más y te escondes en el baño a llorar. Nadie te pregunta por tu dolor de espalda o las manos entumecidas de tanto trabajar.

Me vi al espejo y decidí confiar en mí, aceptar que es solo un momento, mas no el lugar en donde quiero estar, pero es parte del proceso, para llegar.

Me vi al espejo y me abracé por ser tan fuerte, por serme fiel.

Vas a despertar

Un día vas a despertar y todo habrá sanado ya. Te darás cuenta que estar en casa solo te jodía más. Saldrás a caminar y por primera vez apreciarás lo bello del mismo lugar por el que pasabas una y otra vez. Dejarás de tener miedo de avanzar por pensar que esa persona podía volver. Y al fin entenderás que no valía la pena pausar tu vida por alguien que se fue.

Un día vas a despertar con una enorme sonrisa en tu rostro y ganas de comerte al mundo por todo el tiempo que te tomó volver a ser tú. No hará falta que nadie te diga que puedes porque estás consciente de que lograste salir del hoyo, y por tu propia cuenta.

Un día vas a despertar y te vas a reír de ti, por todo lo que dejaste atrás gracias a alguien que ya ni está. Por fin habrá respuestas a esas preguntas que venían a ti cuando solo había silencio, y entenderás que era necesario para darte un golpe de realidad.

Un día vas a despertar y vas a llorar, pero esta vez de felicidad, porque llegó el día en el que alguna vez, soñaste llegar.

Hay un punto en la vida

Hay un punto en la vida en donde comienzas a construirte y te das cuenta de lo complicado que es. Del trabajo y desgaste que conlleva. Entonces, entiendes por qué poco a poco dejas de querer compartir tu vida con cualquiera que no fue parte del camino.

Hay noches en las que subes al auto o a tu motocicleta favorita y conduces sin rumbo. Ya no esperas nada de nadie, y aunque no todos los días son buenos, sabes que ya no hay prisa, porque ahora conduces para ti y por ti. Tú decides adónde ir, y en dónde quedarte.

Dejas de correr por citas de una noche, pierdes el interés por buscar personas en vez de conexiones. Te deshaces de las máscaras, trucos y personajes que habías creado para conectar, porque en este punto eres consciente de que las relaciones son insostenibles cuando el personaje es insuficiente.

Entonces te das cuenta de que hacías ejercicio por las razones incorrectas, que construías tu futuro pensando en todos menos en ti, que ibas hacia donde la sociedad se movía, sin preguntarte si eso era lo que querías.

Hay un punto en la vida en el que ya no inviertes energía en cualquiera. Justo en ese punto es donde solo quieres a alguien que esté dispuesto a construir, a dialogar, a planear. Que no te haga dudar de si quiere estar o no.

Me di cuenta de que tenía un concepto errado del amor y lo sigo teniendo, pero al menos ahora sé qué es lo que no quiero y qué es lo que sí.

Algún día voy a encontrar esa sonrisa en el asiento del copiloto o mirando por el retrovisor en mi moto mientras me sujeta la cintura. Esa sonrisa que no tiene miedo de lo que venga, que está lista para compartirse y no busca la primera excusa para irse. Aquella que demuestra interés y no ausencia.

Hay un punto en la vida donde comienzas a construirte y ya no permites que cualquiera sea parte de la obra.

Que te quede claro

Que te quede claro que no busco algo pasajero, ya no me apetecen esas caricias en la noche y ausencias por las mañanas. Que te quede claro que esta vez quiero algo de verdad, un amor diferente, maduro, que me deje ser y pueda ser.

Un amor abierto al diálogo, consciente de que los conflictos son parte de una relación y como conflictos tienen solución. Un amor que no busque culpables, pero asuma sus errores. Que no señale si no abrace y con amor me muestre mi error.

Que te quede claro que no busco un amor sin opinión propia, influenciado por el mundo sin saber si es lo que quiere o no. No me apetece alguien que nade con la corriente sin antes haberse cuestionado si quería ir en contra.

Lejos estoy de querer alguien que me falte al respeto, que me ignore y desaparezca cuando estemos en desacuerdo. Ya no quiero alguien que me cuelgue el teléfono, sin siquiera tomarse la molestia de antes expresarme que necesita espacio. No correré de nuevo a solucionar problemas de dos, cargando el peso de ambos y asumiendo culpas para evitar conflictos.

Me ha costado construir esta nueva versión de mí, he peleado batallas en mi cabeza y enseñado a mi corazón a ir más despacio. He pasado meses ejercitándome, cuidando mi alimentación y cultivando mi mente.

La soledad se ha convertido en mi mejor amiga y he encontrado paz en ella. No trato de decir que no me quiero enamorar, solo pretendo dejar claro que no busco unas vacaciones, ni ser un check en la lista de alguien.

Así que si no pretendes quedarte, por favor ya no le muevas más y deja que quien sí quiere algo real, pueda encontrarme.

Tengo miedo de dejarte entrar

Tengo miedo de dejarte entrar y que a la primera oportunidad te vayas sin avisar. Realmente me asusta la idea de abrirte la puerta, construirte una habitación en mi corazón para que al final solo estés buscando pasar la noche. Me he quedado con cientos de itinerarios, promesas y viajes pendientes. He tardado meses, años incluso, en sacar los muebles y redecorar la habitación que acondicioné en mi pecho para alguien, en aquellos días en que pensé, "esta vez, sí". Y de nuevo no.

Sinceramente, no quiero una vida llena de dudas, de intranquilidad o de estos juegos de ver quién jode más a quién. No quiero volver a competir dentro del mismo equipo, mucho menos volver a sentir ese hueco en el pecho, mientras mi cabeza le reclama al corazón porque de nuevo la cagó.

Sé que lo voy a lograr, que voy a alcanzar cada una de las metas que me propuse. El problema es que ya no quiero compartir mis logros con cualquiera, pero si te estoy diciendo esto es porque alguna de mis barreras ha cedido por ti. Es que todo dentro de mí grita que te deje entrar cuando me sostienes la mirada y sonríes. Cuando tus metas se alinean con las mías, cuando tu estabilidad emocional habla por ti. Y ese es el problema, tengo miedo de dejarte entrar porque si te vas, me vas a destruir.

Estoy seguro de que tu piel le susurra a la mía lo increíble que podría ser. No me queda duda de que tus ojos han dejado a los míos conocer tu alma, tus intenciones y los latidos de tu corazón que me dicen 'no te suelto, porque creo en ti'.

Ese es mi problema, que quiero escribir por ti, y no de ti, de lo que somos y no de lo que fuimos. Contigo quiero llegar al cielo, y temo que sin ti no pase del suelo. Porque digan lo que digan, creo que un desamor sin duelo ya no era amor.

Nada nos asegura un para siempre, ni los besos, ni las caricias, ni los momentos. No puedo negarme a dejarte entrar porque sería privarme de una buena historia que podría no tener final.

Solo prométeme que si algún día te vas, dejarás todo en su lugar, para que mi corazón no tarde en sanar.

Te hacía feliz el mar
y a mí escribir de ti.

Ella es como el mar

Ella es como el mar, bella y transparente. Inherente belleza en sus ojos como la que provoca el sol al fundirse con el mar. Su presencia impone, similar a estar en alta mar. Su risa, cual olas cargadas de energía, es capaz de volverte a la vida. Lleva arena en las mejillas y brisa en las pestañas, va por la vida con el cabello suelto y ondeando al viento. No es una ola en la que cualquiera pueda navegar, pero de vez en cuando te enseña a surfear.

Podría describirla de pies a cabeza, aunque no es algo que puedas imaginar, porque para entenderme, tendrías que visitar el mar.

Si escribes de mí en tu diario

Si algún día escribes de mí en tu diario, cuéntale de nuestra historia. De la primera vez que nos vimos, del primer beso y aquel suceso que nos hizo inseparables. Dile que años después el amor sigue intacto porque las constelaciones que pintamos en el tiempo con cada recuerdo, no las tiene ni el firmamento.

Hazle saber que mi corazón sigue deletreando tu nombre cada vez que te ve y, parece querer salirse para correr y abrazarte cuando te mira aproximándote. No dejes de escribir del deseo por compartir mañanas y noches juntos, la emoción que sientes cuando hablamos de los muebles que vamos a comprar, para esa casa que aún ni tenemos, pero te hace ilusión proyectar ese hogar.

Cuéntale del jardín que quieres tener también, para hacerle saber de los sueños compartidos. De tu amor por el café y la pasión por leer todas las noches antes de dormir. Escribe sobre tu sueño de recorrer el mundo. De tomarte fotos, miles y miles de ellas, hasta que una te guste, y así poder decirte que desde la primera estabas hermosa.

Intenta resumir el amor que surge aquí entre tú y yo, ese amor que escapa a la razón y que solo Dios sabe cómo surgió. Haz poesía y plasma tus mejores versos, como aquellos que llevo recitando cuando mis labios recorren tus hombros, suben por tu cuello y terminan por encontrarse de frente con los tuyos.

Si escribes de mí en tu diario, dile cuanto te amo, aunque el bolígrafo se quede sin tinta; así, tu diario entenderá que no hay palabras que contengan un "te amo" cuando viene de mí hacia ti. Te amo.

Me gusta cómo suena mi nombre en tus labios

Me gusta cómo suena mi nombre en tus labios, cómo lo gesticulas y lo pronuncias. Cómo lo saboreas cuando me besas. Adoro la forma en que mi nombre y el tuyo riman bien, no imagino cómo te sonará en nuestra luna de miel.

Porque mi nombre es difícil, es terco y testarudo, pero se doblega al poder que tienen tus labios cuando lo llaman, cuando lo aman.

No elegí este nombre que me acompaña a todos lados, que en boca de otros me tiene sin cuidado, pero escucharlo de la tuya me mantiene enamorado.

No creo que nadie más lo recite como tú, dudo que alguien me haga vibrar cuando pronuncie cada vocal y consonante. Porque mi nombre ha dejado de ser mío para convertirse en parte de ti.

A mí ni siquiera me gustaba, pocas veces presumí de él y ahora quiero que todo el mundo sepa cómo cobra vida en tus labios y se convierte en poesía, poema y verso que solo tú puedes interpretar.

Quiero que todos sepan que mi nombre ha encontrado un hogar en tu boca, descanso en tus labios que me tienen tan fascinado con la forma en que se refieren a él cuando ha perdido su rumbo.

Me gusta cómo suena mi nombre en tus labios, cómo lo construyes y lo adornas antes de llamarlo. Me gusta cómo suena por las mañanas con los buenos días o por las noches antes de dormir, incluso me gusta escucharlo cuando tu piel se posa sobre mí.

Cariño, me gusta mi nombre, y todo gracias a ti.

Alguien de otro planeta

Mis amigos aseguran que yo era común y corriente, un ser humano más en la tierra. Lo que no se explican es cómo, desde que tú llegaste a mi vida, parezco de otro planeta. No sé si fueron los polvos estelares, esos que tú llamas pecas, el aura de tus ojos o los mares de tus labios, pero algo cambió en mí desde que estás aquí.

Me centraste la vida y no es que hayas curado mis heridas, pero procuraste no volver a abrirlas cuando te las mostré. Fuiste consciente de ellas y, sin curarlas, me ayudaste a sanarlas. Tú, que en cada abrazo te metías por debajo de mi piel porque siempre decías que había algo más allá de mi ser. A ti, que me hiciste sentir en casa aun estando lejos de ella. Por ti, que cuando mi corazón juró no volver a amar, tus latidos convencieron a los míos de que esta vez era real.

Tenemos historia de sobra, escrita en los momentos vividos, historia que se teje en la complicidad de miradas, en los secretos susurrados entre almohadas y en las promesas calladas que bailan entre nuestras manos entrelazadas.

Mis amigos aseguran que era otro antes de conocerte y no veo fallas en su lógica, porque llegaste en mi momento menos fuerte. Arribaste cuando por las noches aún le contaba a las estrellas de las veces que lo intenté y duraba más el sol fundiéndose con el mar al atardecer, que el amor en el que confié.

Así que tal vez sí, era otro hasta antes de poderte conocer, pero es que la intensidad con la que llegaste a amarme borró cualquier sombra de mi pasado.

En cada mirada

En cada mirada hay un "te quiero" implícito. En cada suspiro, mi sangre oxigena los "te amo" que mi corazón bombea a 200 latidos por minuto, mientras tu sonrisa me invita a compartir mi vida contigo.

No sé si te has dado cuenta, cuando mis ojos gritan las ganas que tienen de mirar por la ventana del avión, voltear y verte ahí, juntos hasta nuestro siguiente destino.

Me es imposible dejar de pensar en que había algo más en aquel cruce de miradas, y pensar que no ocurrió en ese instante. Algo se gestó en el tiempo, algo me acompañó durante los meses que no pude verte porque aunque estabas presente, eras ausente.

Y así como la luna alcanza la noche y el sol los días, llegaste tú a mi vida; un equilibrio perfecto entre la calidez de un amanecer y la paz de un atardecer. Tus silencios hablaban más que mil palabras. Cada vez que nuestras miradas se encontraban, era como si un universo completo se desarrollara entre nosotros. Repleto de estrellas y promesas.

Un secreto nuestro, un idioma que solo nosotros entendíamos. Propenso a ser interpretado por quienes no tenían ni idea de lo que estaba a punto de surgir.

Sé que esto está a punto de comenzar, y no sé cuánto nos vaya a durar, pero así como el mar abraza la playa una y otra vez, así quiero abrazarte. Como si cada encuentro fuera la primera vez y cada despedida la última.

En una hamaca, ahí entre dos palmeras, leyendo un libro mientras duermes en mi pecho, quiero prometerte frente al mar que mientras decidas estar, nuestro amor será como la paz que da, la brisa y la calma que solo aquí puedo encontrar.

Querida Luna

Hoy me siento frente al mar y le hago espacio a la luna por si se quiere sentar. Querida Luna, tengo tanto que contarte, lo sé. He dejado de frecuentarte, pero es que conocí a alguien. Alguien a quien muero por presentarte, es solo que no quiero adelantarme y terminar de nuevo por contarte, cómo me ilusioné.

Querida Luna, no me olvido de todas las noches en las que me abrazaste, aquellas en donde no te importó llenar de lágrimas tu blanco traje y sin decir una sola palabra me arreglaste. Amiga mía, te extraño ¿sabes? Tu silencio siempre dijo más de lo que necesitaba. Me enseñaste que aunque te dijeron que jamás ibas a opacar al sol, con un eclipse demostraste que sí.

Querida Luna, me enseñaste a no dejar de amar porque, aunque nunca me constaste de tus cráteres, estoy seguro que son marcas de un amor fugaz, de esos que te hacen creer que se van a quedar y cuando menos lo esperas se van. Pero tú y tu constancia por salir cada noche, cansada, rota o harta, me demostraron que nunca debía dejar de ser yo.

Amiga mía, hoy es el día. Voy a conocer a su familia y eso me hace feliz porque quiere decir que las cosas van bien. Ella me recuerda mucho a ti, tan reluciente como tú, lleva consigo el misterio de lo eterno y, sobresaliendo en un mundo lleno de estrellas, de todas ellas, luna como tú, ella es la más bella.

Una simple sonrisa lleva consigo los silencios elocuentes de su esencia, una luz que ilumina mis momentos oscuros. Constelaciones en sus ojos disocian mis sentidos mientras juego a buscar las conexiones de sus pupilas estrelladas, tratando de encontrar el origen del universo que guarda dentro y, explorando en cada galaxia de su alma, a veces me pierdo en el infinito misterio de su ser.

Astrólogos intentando encontrar un sentido a eventos celestes, buscando respuestas en la alineación de los planetas y yo solo necesité alinear mi corazón al suyo para entender que ella era mi futuro.

El oleaje de tu recuerdo.

Amiga Luna, quiero que seas parte de esto, que tus ciclos sean testigos silenciosos de nuestro amor y que tus noches sean el lienzo donde pintemos nuestros sueños, ella y yo.

Querida Luna, tengo que volver, pero quería venir a agradecerte por ser el refugio de mis noches solitarias y guardar los secretos de mis anhelos. Gracias por ser mi confidente cósmica y mi faro en las horas más oscuras.

Tanto que elegir

Eres el diseño perfecto que encaja en cada rincón de mi corazón, la columna que sostiene mis días malos, la casa que guarda los planos de un futuro prometedor. Ventana de aquella recámara con vistas preciosas. Puerta que me invita a explorar futuros a tu lado.

Eres mi casa, mi hogar, el jardín que quiero regar para ver florecer. Fuego en invierno, frío en verano, cada estación que habita en tu piel me hace querer siempre regresar y, si tuviera que elegir quedarme en una, elijo el otoño de tus ojos aunque tus manos me reclamen la elección, es mi estación favorita.

Sin embargo, tus caricias me incitan a reconsiderar mi decisión. Tus brazos, a su vez, me susurran que ellos son quienes me dan calor y en cada abrazo me acercan a tu corazón. Creo que me he metido en un lío porque ahora tu boca me soborna con sus besos, y casi me convence la poesía de sus labios, pero no, mientras tus ojos no dejen de verme así, ellos siempre serán mi elección.

Jamás voy a olvidar el día en que te conocí, aquella noche en la que no pude dormir porque tu sonrisa se apoderó de mis sueños, como si no fuera suficiente tener que elegir entre tanto de ti. Ayer pude escuchar a mi corazón decir: "Sé que hay tanto que elegir de entre sus cualidades y su inteligencia, pero por favor, hagas lo que hagas, nunca le alejes de mí.

Abrázame

Abrázame porque ya me cansé de aparentar que todo está bien, que tengo mi vida bajo control y que la soledad es ajena a mí. Abrázame porque no todos los días son buenos y, aunque puedo con ellos, a veces me rebasan. Apriétame fuerte y dime que todo va a estar bien. Lo sé, eventualmente las cosas mejoran, pero no tienes idea de lo reconfortante que es escucharlo mientras me abrazas.

Abrázame porque a veces soy frágil. Yo también necesito que me sostengan mientras mi ánimo pende de un hilo y el mundo parece reposar en mi espalda. Abrázame y déjame llorar sin prejuicios. Que tus brazos sean un lugar seguro para mis debilidades. Sé que mi ansiedad no la vas a curar, mucho menos mis noches de insomnio, porque de esas me encargo yo. Solo te pido que me abraces tan fuerte que pueda sentir tu empatía. Que no ocultes tus heridas ni problemas para que así pueda entender que unos brazos con cicatrices pueden amar, porque han pagado el precio de sanar.

Abrázame esta noche y toda la vida si quieres. Abrázame hasta que huela a ti, porque de tus brazos no pienso moverme.

Quiero besar tus labios

Quiero besar tus labios hasta que se aprendan mi nombre y cuando lo hagan deletrearlo para que nos dure cada letra. Quiero besarlos hasta que se haga de noche, hasta el amanecer, bajo la lluvia, toda la vida.

Quiero besar tus labios en las buenas y en las malas, cuando discutamos o riamos, aquí y en cualquier parte del mundo. Para mí besarlos es una forma de conectar y desconectar, porque me conectan contigo y me desconectan del mundo.

Un instante que me lleva a un lugar en el que no podría acceder sin ellos. Una máquina del tiempo que al cerrar los ojos me deja ver un futuro a tu lado o tal vez es mi deseo por nunca dejar de besarlos.

Creo que nuestros labios fueron hechos a la medida perfecta para que al encontrarse volvieran a ser uno. Sé que ambos han conocido besos en el pasado que aunque malos no fueron quizá, nos enseñaron que no todos los labios que dicen quedarse lo hacen.

Quiero besar tus labios aunque tu frente se ponga celosa y tu espalda me invite a recorrer las curvas de sus costados. Quiero besarlos hasta gastarlos, hasta que se conviertan en un mapa de nuestras historias, marcados por cada sonrisa, cada risa previa a encontrarse y cada lágrima que hemos compartido.

Quiero besar tus labios con la misma intensidad que te amo, con la misma pasión que siento cuando estoy a tu lado, con las mismas ganas de comerme el mundo que me acompañan desde aquel día en que te conocí. Porque en tus labios encuentro un hogar, paz y mi felicidad, y no hay nada en este mundo que desee más que besarte y amarte, por el resto de mi vida.

Me estoy enamorando de ti

Creo que me estoy enamorando de ti, de la forma en que sonríes, arrugas tu nariz y descubres tus encías. De tu interés por mis gustos y empatía por mis heridas. Me estoy enamorando de lo vulnerable que puedo ser contigo. De los lunares en tu rostro, de las pecas que resaltan tu belleza, del olor a tu perfume que el viento empuja hacia mí.

Me estoy enamorando y quiero decirlo en voz alta, ponerlo en palabras que resuenen en tus días. No sé si tu alma está invitando a la mía a escondidas, pero mientras más tiempo pasa menos quiere irse. Tal vez son tus sueños visitando los míos, yendo más allá de lo que podemos ver sentados al atardecer mirando al sol caer.

A veces me pregunto cuál es tu deseo, cuando alguna pestaña cae sobre tu mejilla, la tomo y la soplas de entre mis dedos. ¿Acaso pides que sea yo?

No puedo prometerte que mis besos nos exenten en algún punto de volvernos desconocidos o que tus caricias puedan ser ajenas a mi piel, pero por mi vida te prometo que hasta el final te voy a querer.

Me estoy enamorando de ti, divagando en vez de poderlo decir. Te estoy poniendo atención mientras mi corazón late y la razón se convence de que no eres una ilusión.

Me estoy enamorando de ti y tengo que volver en sí antes de que me toque hablar a mí, porque es muy pronto para dejarte saber, que me estoy enamorando de ti.

Jamás querré que seas mía

Jamás querré que seas mía, porque indiscutiblemente no eres algo que se pueda comprar. Quiero que seas tuya, completa y absolutamente. Y así siendo tuya, decidas compartirte conmigo.

Quiero que seas tuya en cada sonrisa, en cada logro, en cada meta alcanzada. Que encuentres en ti la fuerza para brillar por tu propia luz, y que en ese resplandor, decidas compartir momentos conmigo, no porque debas, sino porque deseas hacerlo. Quiero ser el complemento de tus alegrías, no el origen de tus dudas.

Ser tu fan número uno, ese que te sorprende con flores y cenas inesperadas. Quiero estar ahí para escucharte hablar de eso que crees que a nadie le importa. Cuéntame tus sueños más raros. Siéntete libre de hacerlo.

Jamás querré que seas mía porque el amor pactado es cosa del pasado, así que desde tu libertad, como yo desde la mía, espero que nos elijamos todos los días.

No espero que seas mía, pero tal vez, aunque no estés, siempre te voy a querer.

Tengo miedo

Tengo miedo de muchas cosas. Miedo a las alturas, al océano, a las distancias que, a pasos silenciosos, acaban con las amistades que no cultivamos. Tengo miedo a perderme y olvidar mi rumbo. Me aterra cerrar los ojos y que al abrirlos, todo haya sido un sueño donde conocerte se esfumara con la noche.

Un sinfín de cosas me asustan. Me invade el miedo de no poder recorrer el mundo, por ejemplo. No conseguir el trabajo de mis sueños, la paz en mi vida, aquella casa en la playa, o que mi perro ya no esté para recibirme con euforia al llegar a casa.

Entro en pánico solo de pensar que la vida sigue, que mis amigos toman su rumbo, y que esta podría ser la última navidad juntos, después de que cada uno de nosotros festeje con sus familias.

Tengo pavor de no haber abrazado lo suficiente la última vez, de no haber dicho——te amo——, en aquella despedida sin saber que no iba a haber otra. Incontables son mis miedos, aunque creo poder con ellos.

Pero vida, si estás escuchando, hay solo un miedo al que le tengo miedo, así que solo te pido que me permitas vivir lo suficiente a su lado para no quedarme con las ganas de amar, como nunca he amado.

Hay besos que se quedan en tu piel

Hay besos que se quedan en tu piel y no los borra ni el tiempo. Que nunca pasan a ser parte de un recuerdo, que son vívidos y pueden sentirse en cualquier momento.

Pero no todos los besos son así, he conocido besos que se llevan cada recuerdo cuando se van. Besos que me han jurado no haber besado otros labios y un par de ojos los han delatado. He conocido besos que han jurado quedarse y se han ido al día siguiente. Besos que incluso desordenando las sábanas me han dicho que me amaban, mientras el celular boca abajo ocultaba la mentira de unos dedos que pactaban otro encuentro.

He conocido labios que solo me usaron, mas nunca me amaron. Labios que me endulzaron para luego dejarme un mal sabor de boca, hasta que conocí los tuyos. Labios que me hicieron olvidarme del resto, que me quitaron el mal sabor y aunque me costaba confiar, no me defraudaron. Me devolvieron la fe en que hay labios sinceros y besos que saben a miel, que te remarcan la piel a cada instante. Que no se permiten ser parte de un recuerdo porque se quedan siempre en el presente.

Tus labios me enseñaron que pronunciar te amo, va más allá de gesticularlo. Me mostraron partes de mi piel en donde no sabía que podía sentir. Tus besos son de esos que se vuelven un hábito, que habitan en mi piel sin pagar renta y son bienvenidos cuando estoy desprevenido.

Consciente estoy de que no son los únicos, que hay millones en el mundo, pero es que después de probar los tuyos no quieres saber del resto.

Hay labios que se quedan en tu piel sin ataduras y esos son los que perduran. Besos que abrazan y calman. Besos como los tuyos que te besan una vez y ya no quieres saber más de ningún otro beso, que no provenga de tus labios.

Tal vez no fui tu primer amor

Tal vez llegué tarde para ser tu primer amor, pero está bien, porque estoy listo para ser el de tu vida. El universo no se equivocó al juntarnos. Y no porque fuéramos el uno para el otro, pero sí porque teníamos las mismas ganas de construir un amor diferente, un amor maduro, un amor que no se compara con el resto. Aquel que se elige todos los días antes de la primera taza de café por la mañana, antes del primer beso, de los primeros te amo y que empieza por sanar heridas propias, para entregar la mejor versión posible de uno mismo.

Sé que no fui quien puso a latir tu corazón por primera vez, sin embargo, quiero ser quien lo mantenga latiendo hasta el final. Tal vez no fuimos nuestra primera vez en muchas cosas. Es posible que visitemos lugares en los que ya hayamos estado antes, en otro contexto, en otro tiempo, con alguien más.

Por mucho tiempo pensé que las primeras veces son especiales, y luchaba con la idea de haber hecho tanto, dejando poco margen para futuras relaciones. No me equivoqué, porque las primeras veces son especiales y justo eres la primera vez que me enamoro rompiendo el patrón.

Te estoy amando de una forma diferente, desde un contexto distinto, con una nueva versión de mí y un amor completamente único.

La vida no se equivocó al juntar a dos locos como tú y yo, que han aprendido la lección de que las primeras veces en un amor que no funcionó, siempre te preparan para algo mejor.

No fuimos primeras veces, nuestras pieles lo saben y nuestras almas lo callan, pero si las ganas que tenemos son más fuertes que el destino, no habrá primera vez que compita con todas las veces que vamos a volver únicas.

Tal vez no fui tu primer amor, pero quiero ser el último.

Un amor bonito y perverso

Un amor bonito y perverso como el nuestro, se encuentra poco en el universo. Caricias que te atraviesan la piel y tocan el alma, besos que encienden la llama, susurros que calman. Miradas que tientan, que prenden y que jamás mienten.

Tú y yo tenemos ese amor del que es bueno en la sala y perverso en la cama. Ese que abraza, que protege, que acaricia, que muerde.

Compañeros de vida, cómplices y amantes. Somos instantes que han decidido quedarse y ser eternos. Pieles que habitan cuerpos que se sobreponen ante el deseo. Ojos que se miran y entienden, entre coqueteos y parpadeos, que es momento de apartarse para que sus almas puedan saciarse. Besos que saben a ti y a mí.

Un amor bonito y perverso es un perfecto balance entre labios que dialogan y cuerpos que chocan. Me gusta mi vida a tu lado y encima de ti también.

Porque amor como el nuestro pocos tienen la suerte de poderlo tener, de poderlo entender. No encuentras dos veces en la vida amor, placer y amistad en una persona. Yo tuve la suerte de encontrarte, cuando no te buscaba, cuando ya no esperaba nada.

Un amor bonito y perverso como el nuestro nunca debería acabar.

Si me das tu mano

Si me das tu mano, te prometo no soltarla, levantarla, amarla. Llenarla de flores y momentos, atardeceres y destinos. Si me das tu mano seguro llegamos más lejos.

Seré tu brújula, tu compás de cuatro tiempos, tu compañero de baile y hasta camino en tu destino. Porque tu mano se besa, se acaricia, se consiente, pero nunca se lastima.

Dame tu mano y caminemos sin prisa, disfrutemos de la brisa y saboreemos el momento. Cada encuentro, cada vez que nuestros dedos se entrelacen y como péndulo tus brazos y los míos sean testigos de este amor, que crece, que florece, que nunca envejece.

Si me das tu mano entonces seré tu abrigo, tu amigo, el que se metió en tu camino. Que te mande el desayuno con una nota demasiado melosa. El que te cambie de lado en la banqueta, te ceda su chaqueta cuando hay frío y traiga café cuando tus ojos aún se nieguen a ver.

No puedo prometerte un final feliz porque mañana puedo dejar de existir, partir, vivir. Pero mientras el aire me regale vida y mi corazón bombee tu nombre, si me das tu mano, te aseguro que aún después de esta vida, incluso en el más allá, te buscaré hasta encontrarte. Recorreré el cielo, el infierno, el universo u otras vidas si es necesario, para volver a poder, de tu mano tomarte.

Llegaste tú y dejé se pedir deseos

Entonces llegaste tú, y dejé de pedir deseos, de soplar velas, de perseguir cometas, de poner alarmas a las 11:11. Llegaste tú y los deseos sin cumplir dejaron de importarme, estaba en deuda con el cielo por ponerte aquí.

En medio de mis constelaciones de deseos, tú lo cambiaste todo. Dejé de pedirle coordenadas a las estrellas y comencé a encontrarlas en tus ojos. Los sueños huían por las noches y me acompañaban durante el día, en nuestros días.

Ya hasta olvidé el día en que comenzaste a usar mi ropa por las mañanas, pasó desapercibido tu cepillo junto al mío, tu taza favorita había encontrado un lugar en mi alacena. La cena, esa cena que por suerte no fue la última sino la primera.

Tus sandalias en el closet eran señal de que el universo me escuchó, tu risa, tu sonrisa, los hoyuelos de tus mejillas, tu nariz arrugada y tus pestañas alargadas. Los hotcakes de avena en la mesa, el café de tus ojos, el de mi taza. Mi casa, tu casa.

Las duchas, las tardes de películas, las pastas, las caricias, los besos que me diste, mi vida no sé qué me hiciste, pero no dejes de hacerlo, porque te quiero y siendo sincero te escribí todo eso para que sepas que desde que llegaste dejé de mirar al cielo para pedir, y comencé a agradecer por tenerte aquí.

He recorrido por tierra

He recorrido el mundo por tierra, y por "tierra", hablo de preciosas carreteras llenas de bosques verdes, montañas, campos inmensos, llenos de cultivos y gente trabajadora, viviendo una vida al sembrar y otra completamente diferente en su cabeza.

He navegado sobre los mares en dirección a una que otra isla, en cruceros y lanchas. Por trabajo o por ocio. Y en cada cruzada solo puedo observar que somos nada ante la grandeza de los océanos. Creemos en algo que no podemos ver, pero sentimos. El viento. Dador de vida y causante de desastres, como el amor, que a porciones correctas construye o destruye, hace soñar o por mucho tiempo te roba el sueño y el apetito.

He volado por encima de las nubes, de los rascacielos, de montañas y ciudades que de noche se miran preciosas, iluminadas por el legado de Edison y la evolución de la energía. Lo que me pone a pensar, que detrás de cada destello de luz, sea en América, Europa o cualquier continente, existe una vida o vidas, siendo vividas. Con sus propias batallas, dificultades y adversidades.

Quizá podría haber dicho que al conocerte despertaste emociones en mí, emociones que ni yo sabía que podía sentir y al ponerme a recordar descubrí que la paz que me das, me transporta a aquellas carreteras llenas de bosques y naturaleza. Tu belleza me recuerda a que incluso el inmenso mar podría admirarte. Sin duda este mundo está lleno de grandeza y con certeza sé que contigo pude volar, sin siquiera despegar.

El día que nuestras manos se entrelazaron

El día que nuestras manos se entrelazaron hubo eclipses, lluvia de estrellas, truenos, relámpagos, auroras boreales y hasta erupciones de volcán en mi interior.

El día que nuestras manos se entrelazaron las nubes lo dibujaron y alguien en alguna parte del mundo buscándoles forma se percató, sin saber que las nubes plasmaron la historia nuestra que comenzó.

No sé si fue tu mano o la mía. Mi meñique coqueteando a tu pulgar o tu indice envolviendo a mi anular, pero sucedió, nuestras manos se entrelazaron y como oro fundido aun siendo tangible se volvió imperceptible el valor de aquel recuerdo. Un momento, una marca en la historia una brecha en mi memoria.

El día que nuestras manos se entrelazaron nada volvió a ser igual, pareciera que algo pactaron para la eternidad porque desde ese entonces mi dedos no dejan de disfrutar cada que se entrelazan con los tuyos. Llevan la cuenta de las historias que se han escrito, de los momentos vividos y de las veces que se han soltado.

El día que nuestras manos se entrelazaron, no necesitamos más, el silencio nos acompañó para procesar esta historia, que estaba por comenzar.

Quiero hacer el amor contigo

Quiero hacer el amor contigo, y no me refiero a fundir nuestros cuerpos en uno. Me refiero a lo bueno que sería ser solo nosotros. Me refiero a que nuestras almas se reconozcan en un mundo lleno de dudas, más allá de tu cuerpo sobre el mío que nuestras pieles se sientan como si en otra vida hubieran sido una.

Verme en el brillo de tus ojos y tú en los míos. Ser contigo y tú conmigo. Que el tiempo se detenga en tu sonrisa mientras tumbados en la arena miramos las estrellas acompañados del sonido del mar.

Que la brisa se lleve nuestras dudas y al despertar sepamos que, hogar incluso es estar lejos de casa, de aquel lugar para habitar. Porque hogar es estar entre tus brazos, es compartir momentos, despertar a tu lado, ser sin depender y aun así saber que en este mundo de papel, somos tinta indeleble.

Quiero hacer el amor contigo y no hablo del acto, sino de cuidarlo, procurarlo, mantenerlo y nunca darlo por sentado. Porque el amor se enfría cuando lo descuidas, cuando caes en la rutina, y normalizas que a medida que el tiempo avanza lo común es que se acaben las primeras veces, que se extingan las sorpresas, que los besos sean como respirar en vez de conectar.

Quiero hacer el amor contigo, dejando atrás lo carnal. Volverte a enamorar, ver de nuevo la ilusión en tus ojos por un futuro juntos, deseando que al terminar la cita tu ropa huela a mí y mis labios sepan a ti. Quiero volver a sentir que mi corazón se aferre al tuyo en cada abrazo, andar todo el día con una sonrisa que no oculte a quién le pertenece.

Volviendo a pasárnosla bien, porque aunque hoy tenemos todo lo que queríamos ayer, no hay cita que se compare con la primera, aquella que con poco lo teníamos todo. Dejemos las pastas, los cortes, los vinos y vamos por tacos, a reírnos sin parar y sin medir el tiempo.

Quiero hacer el amor contigo, y esta vez sí, como si fuera la primera vez, para nunca olvidarla.

No sé si fuimos hechos el uno para el otro

No sé si fuimos hechos el uno para el otro, pero estoy seguro de que ambos teníamos las mismas ganas de que funcionara. El mismo deseo por despertar juntos en las mañanas, con sonrisas y besos bajo las sábanas.

No creo que la vida nos juntó así nada más, pienso que vio en ti aquello que un día pedí. Las mismas ganas de construir algo de dos, sin intentar huir a la primera. El mismo anhelo por un futuro lleno de momentos, que se escriban en nuestra piel para ser leídos por tus labios y los míos, en cada caricia, con cada mirada cómplice en el tiempo.

Tengo la ligera sospecha de que nuestros caminos se encontraron cuando, por alguna razón, nuestras almas se cruzaron. Lo que aún no me queda claro es, si fue en el café, en el bus, aquella vez en la playa o quizá en otra vida.

Dudo mucho que esta sea una de esas historias de destino, más bien creo que la vida cedió al deseo involuntario de mis labios, que te describieron sin conocerte.

No estábamos hechos el uno para el otro y eso es lo hermoso, porque quiere decir que el amor que tenemos aquí, surgió de dos corazones tercos que se aferraron al sí, cuando el mundo les decía que no.

No sé si fuimos hechos el uno para el otro y sinceramente no me importa porque adoro tu olor en mi ropa, la sonrisa de tu boca y la forma en la que tus labios se encuentran con los míos. No necesito señal que confirme si la vida conspiró o no para presentarnos, porque hoy estamos aquí y es todo lo que debería importarnos.

Todas las formas en las que te quiero

Te quiero despacio, te quiero lento. Te quiero con días lluviosos y días secos. Te quiero en los buenos y malos momentos, te quiero como si te hubiera querido antes de conocerte. Te quiero cuando haces pucheros con la boca porque alguien ha roto tu niña interna. Te quiero cuando te veo correr emocionada por aquel concierto, o bañada en lágrimas por ese final que a veces no entiendo.

Te quiero cuando te veo trabajar hasta tarde porque me encanta lo apasionada que eres. Te quiero incluso cuando te has dormido sin apagar la luz. Te quiero por el simple hecho de ser tú.

Te quiero cuando defiendes lo que piensas, lo abrazas y no lo sueltas. Es que de verdad serías capaz de convencer al universo y argumentar tu punto, pero el punto aquí es que tú me enseñaste a creer en mí.

Te quiero cuando te veo sonreír, llorar y pelear con los personajes de un libro, porque cariño, eso te hace tan especial y digno de admirar. Letras corren por tus venas, historias abundan en tu corazón, canciones complementan tu vida, y mi vida, conocerte fue lo mejor. Te quiero y te lo seguiré diciendo aquí o recorriendo el mundo entero. A través del tiempo, al pasar de los años, en cada mapa que la vida dibuje en forma de arrugas por nuestro cuerpo. Te quiero en cada paso que, por la edad, más y más nos costará dar. Te quiero aunque algún día nos tengamos que despedir con un beso, o con la noticia de que me esperas o te espero en el cielo.

Mi vida, te quiero porque contigo no tuve que llegar al cielo para conocerlo, y no me quise esperar a estar cerca de hacerlo para decirte cuánto te quiero. Te quiero.

Me gusta la música clásica y tú

Me gusta la música clásica, y aunque no entiendo mucho de ella, la puedo sentir. Me enamoré de ti y aunque no entiendo el amor, cuando te vi algo pasó. Por un momento pensé que fue mi corazón quien se aceleró ante tal situación, sin embargo, descarté esa idea al darme cuenta de que al verte, me abandonó para seguirte y no dejarte ir. No lo culpo, fue la mejor decisión, ya que tiendo a sobre pensar las cosas y, cuando me decido, la vida se ha ido.

Me gusta la música clásica, la poesía y el arte. Pero verte sentada en el parque fue como estar en un concierto de Mozart, mientras sonaba la Sinfonía No. 40 en Sol menor. Citando a García Márquez, la orquesta tocaba para el público, pero mi ejecución en el violín, tocaba para ti.

Me gusta la poesía de tus labios y cómo la recitas al hablar. Me gusta que en tu sonrisa horas me puedo quedar.

Puede que no lo sepas, pero eres arte. Llevas historia en tus lágrimas, que a veces se asoman cuando disfrutas de la vida y ríes tanto que solo queda una pequeña brecha entre el llanto.

Tú, mi musa en esta sinfonía de la vida, en cada nota, en cada acorde, en cada verso de esta poesía que te rinde homenaje a ti, mi mejor melodía.

Me enamoré de ti como de la música clásica, porque de ambas disfruto mucho su compañía.

Contigo aquí.

Contigo aquí siento que puedo comerme al mundo, y no es que sin ti no pueda, lo que sucede es que lo disfruto más. No importa el lugar o la hora siempre es especial. Pocas veces la vida construye el puente entre dos almas, que habían caminado por lados opuestos, pero destinados a encontrarse. No me queda duda que la vida nunca se equivoca.

Extraordinaria es la palabra que viene a mí cuando pienso en ti. Estoy casi seguro que antes de conocerte te vi, con el rabillo del ojo, en ese perfume que dejó rastro y cuando voltee la puerta del auto se había cerrado. Tal vez fue en la fila para el café o aquella vez que salí a caminar porque tontamente te soñé, y pensé que te iba a encontrar.

Creo que la vida sabe cuándo, dónde y cómo. Y aunque a veces me preguntaba por qué y solo había silencio. Reclamaba y me imaginaba al universo conspirando en mi contra. Hoy que te puedo ver, oler y sentir, me doy cuenta que lo que no pudo ser, fue porque tenía algo mejor para mí; a ti.

No sé cuanto nos va a durar esto, pero quiero que sepas que eres, serás y por si acaso, fuiste el mejor sí, que la vida me dió.

Estoy agradecido con la vida

Estoy agradecido con la vida por haberme premiado contigo. Porque el universo entero se puso de acuerdo para hacer sonar mi canción favorita cuando te vi, y justo en esa explosión de cosas que en cuestión de segundos a su vez implosionaron dentro de mí, la vida y tú dijeron que sí.

No sé por dónde empezar, quizá lo haga por la emoción que me da el ver que, a pesar de tú tener lo tuyo, poco a poco mi hogar se convierte en nuestro hogar. Y todo lo que comenzó con un acondicionador en mi baño, un cepillo de dientes junto al mío, un par de mudas de ropa y hasta tu taza de café, hoy se traduce a noches en las que ya no tienes que irte. Fines de semana corriendo de lado a lado en el supermercado, tratando de encontrar todos los tipos de quesos posibles y botellas de vino, para la reunión de amigos que organizamos.

Estoy agradecido con la vida por todas las veces que me dijo que no, para decirme sí, contigo. Y a ver, no es que tome decisiones con las patas, sino que a veces me he aferrado a situaciones, lugares y personas que cumplieron su función: amarme cuando tenían que hacerlo y enseñarme cuando partieron.

Contigo la vida no se equivocó, o al menos eso creo. Y no lo sabré ni quiero, pero mientras estés aquí te prometo que voy a dar lo mejor de mí, para que nunca más dejes de sonreír.

Lo que tenemos

Puede que lo que tenemos no sea mágico porque no somos personajes de un cuento o algo parecido, pero te aseguro que es real y lo será mientras cuidemos de ello. Mientras entendamos que problemas van a haber y no son motivo para dejarnos de querer. Porque somos un equipo y siempre voy a procurar tu bien, así que espero que tú el mío también. Creo que hay demasía presión en el mundo ya, de cómo debe ser el amor, de cómo tener una mejor relación y demás.

Sinceramente ya tengo suficiente. No digo que aprender este mal, pero creo que tanta información nos impide pensar con claridad. Podcasts por aquí y por allá diciendo simplemente lo que la gente quiero oír. Yo contigo quiero vivir mi propia historia, equivocarnos, caernos levantarnos y acompañarnos. El mundo está cada vez más jodido y que pasen los que quieren chingarle demás para demostrar y presumir, sin importar su salud mental.

Yo quiero una vida en paz, disfrutarte y chingarle solo para hacer lo se me pegue y se nos pegue la gana. Viajar por el mundo, disfrutar de pláticas con nuestros amigos, una buena cerveza y llegar a casa para disfrutarnos. Así que no sé tú, pero yo creo que lo que tenemos es especial y deseo que nos dure hasta nuestro corazón haya vivido tanta felicidad, que sea su tiempo de descansar.

Le conté al universo de ti

Le conté al universo de ti y es gracioso porque usualmente siempre guarda silencio, pero esta vez se alegró, un cometa pasó y la luna brilló con todo su esplendor. Qué ingenuo fui, como si no supiera de tu existencia, como si lo hubiera tomado por sorpresa cuando él realmente fue quien te puso aquí. No sé si se alegró por mí, por ti, o porque al fin nos dimos cuenta que habíamos hecho click.

Le conté al universo de ti y me regaló un cielo repleto de estrellas solo para que me diera cuenta que ninguna brilla como tú. Creo haberlo escuchado decir que lo has hecho bien, pero que necesitas hacerlo por ti y no para demostrarle nada a nadie. A la larga impresionar al mundo se convierte en un carga imposible de llevar.

Le conté al universo de ti y el cielo se despejo para mostrarme lo que causa pronunciar tu nombre. La luna salió y se reflejó en el mar, entonces entendí lo bien que se complementan y aunque ambos son preciosos por separados, juntos nos regalan paisajes que incluso los artistas plasman en sus obras.

Le conté al universo de ti, y al fin oí su voz decir: me alegra que seas feliz.

Y si algún día no estás

Quiero vivir mi vida contigo como si mañana ya no hubiera un nosotros. Verte hasta que se quede plasmado tu rostro en mis memorias, y registrar tu olor para acordarme de ti siempre que huela así.

No quiero quedarme con las ganas de nada, porque la memoria olvida, pero el corazón reclama lo que le faltó sentir. No quiero dejar de existir sin antes haber acabado todos los besos que se te puedan dar. Quiero llegar a ese punto de intentar escribir lo que siento por ti y darme por vencido, porque eso solo se puede vivir.

Salgamos a caminar mientras me cuentas de ti, de lo que eres, fuiste y quieres llegar a ser, para que así pueda prometerte estar ahí en primera fila, con flores, tequila o cerveza, da igual el punto es estar.

Vamos a cenar y ordenar cosas diferentes para compartir y, que al final me termine comiendo lo que no te pudiste acabar. También está bien si no quieres, en casa nos podemos quedar, solo que ambos sabemos que esa esa película no la vamos a terminar.

Tengo tan claro que quiero que sea contigo que no hay nada en el mundo que me lo impida, por eso el universo entero conspira para que tú y yo, nos amemos sin medida.

Te quise escribir una canción

Te quise escribir una canción, pero me di cuenta de que no sería suficiente para decirte cuánto te quiero, porque para hacerlo necesitaría componerte un álbum entero. Entonces pensé en pintarte, y cuando terminé, comprobé que efectivamente eres una obra de arte.

Ahora entiendo cómo mi poesía lleva tu nombre entre letras y mis versos apuntan hacia ti. No te voy a mentir, desde que te conocí no he dejado de escribir de ti; le cuento a mi pluma de tus besos y escribe odas a tus labios.

Hablo con la noche y su cielo estrellado antes de dormir; ambos me exigen saber más de ti, aseguran que a pesar de tener miles de años de existir, jamás habían escuchado de alguien así, así como tú.

Te quise escribir un bolero, pero no lo hice, porque sería demasiado peligroso tener al mundo a tus pies con tan solo una canción que hable de ti.

Me fui a dormir sin encontrar una forma de poder decir cuánto te quiero de una manera diferente, que lo lleves siempre presente incluso en mi ausencia.

Me pregunto cuántos caracteres necesitaría para poder contar lo que se siente que hayas llegado a mi vida. Cariño, te quise escribir una canción, pero me di cuenta de que mi amor por ti rebasa cualquier palabra que pueda encontrar, y aunque intente expresarlo, siento que nunca seré capaz de capturar completamente la profundidad de lo que siento por ti.

Contigo quiero mirar el atardecer

Contigo quiero seguir mirando el atardecer aun cuando las arrugas hagan mapas en nuestra piel y los pasos sin prisa sean parte de nosotros. Sentarnos en un banca, ser esa pareja que a todos les da ternura, pero también intriga por conocer el secreto para llegar a un amor en la vejes.

Con ansias esperaría que alguien se acercara a preguntar sobre nuestra historia, porque creo que el amor que nos tenemos, merece ser compartido. Regresar la esperanza a quien juró no volverse a enamorar, de que vale la pena darse otra oportunidad. Si tuviera que darle un concejo a la humanidad sobre el amor, sería que veces tarda y, normalmente llega cuando dejamos de buscar. Porque así te encontré a ti, detrás de unos ojos que después de verlos ya nada fue igual.

Quizá cuando te conocí era imposible y que ingenuo fui, sin embargo continué con mi vida y justo a la vuelta de la esquina, te volví a topar. El universo en todo su esplendor diciendo, lo que tiene que pasar pasará, y lo que no, también.

En fin, contigo quiero seguir mirando el atardecer, amanecer y todas y cada una de las noches. Que mi piel se aprenda tu nombre y mis labios nunca dejen de saber a ti, para que aun en otra vida si el universo nos vuelve a juntar, sepa que sigues siendo tú.

Me gusta la noche

Me gusta la noche y sus cielos estrellados porque dejan ver lo inmenso del universo. Me ponen a pensar los millones de años que tuvieron que pasar para vivir este presente. Las situaciones que nos forman a lo largo de nuestra vida y las miles y miles de personas que se cruzan en nuestro camino todos los días. Sin mencionar que, calcular la probabilidad de que una persona pueda nacer y tener características tan únicas, es casi imposible.

Me gusta la noche porque me hace a dimensionar que conocerte no fue casualidad. Minutos, segundos, días, años, relaciones fallidas, fracasos y un sinfín de sucesos involucrados para estar hoy aquí, compartiendo nuestras vidas y pudiendo existir.

En verdad me gusta la noche, porque por más que me esfuerce en encontrar el final de su cielo estrellado, jamás podré. Sabes, justo así quiero que sea nuestra historia. Dimensionando lo afortunados que fuimos de estar y compartimos hoy aquí.

Que curioso que tuve que ejemplificar mi amor por ti, comparándolo con la humanidad, el universo y la probabilidad de existir. Solo para demostrarte que no tiene fin.

Y si algún día no estás, te voy a amar, de una manera diferente quizá, pero contigo pude sentir esto que me llevó a pensar que en lo inmenso de la vida, te pude encontrar.

No sé mucho de física

No sé mucho de física, pero leí por ahí que la tercera ley de Newton habla de la acción y la reacción. Eso mi corazón lo entiende perfecto, porque tu presencia aquí en automático causa una reacción en él. Quisiera comprender más la física, para encontrar una ecuación que le dé sentido a lo que siento por ti. Dejar de especular y comprobar la conexión que existe en cada una nuestras moléculas, la compatibilidad que no puedo describir y solo disfruto vivir.

Disfrutamos tanto de conversar, como si al conversar buscáramos resolver alguna ecuación y cada palabra fuera una variable que se acercara cada vez más. Me hace gracia que, hablando del amor e indagando en la teoría de cuerdas de nuestros corazones, encontramos la resonancia perfecta entre el tuyo y el mío.

Quizá parezca que le sé, aunque la verdad es que leí de física para escribir de ti, tal vez lo hago bien o tal vez mal, pero encontré que la segunda ley de la termodinámica dice: el caos aumenta con el tiempo. Y si vamos a estar juntos una eternidad, me quiero anticipar.

Envejecer contigo como las estrellas que comparten órbita, desprendiendo luz y calor hasta el final. No le sé mucho a la física, pero vaya que no necesite ir al espacio para conocer el universo, me bastó con mirarte a los ojos.

Dicen que hay perfumes

Dicen que hay perfumes que no se olvidan, como el tuyo, que huele al amor de mi vida. Y como en un callejón sin salida, me enamoré de ti, porque no supe hacia dónde ir después de toparme de frente con tu sonrisa. Tratando de esquivarla, tus ojos me dijeron "quédate aquí". ¡Vaya encrucijada! Bendito el día en que te conocí.

Eres una composición de aromas que narran una aventura. Hueles a mar, brisa, calma y tempestad a la vez. Hueles a horizontes que se pierden en la distancia, a presente y a futuros prometedores.

Hueles a que contigo nunca van a faltar las risas ni las caricias. Percibo notas de jazmín, lavanda y ese particular toque que es solo tuyo.

Dicen que hay perfumes que no se olvidan, aquellos que, al olerlos, adquieren rostro, nombre y apellido casi al instante. El tuyo, con cada suspiro, hace que mi corazón y razón se pongan de acuerdo para amarte. Tu esencia es un poema constante que me recuerda que la vida es más plena cuando se vive con amor, y aún más si es contigo, mi amor.

Una vez

Una vez me preguntaron dónde me veía en mis cincuentas o sesentas, y les respondí: contigo. Pero déjame explicarte. Les respondí que me veía contigo porque a esa edad solo quiero descansar y disfrutar de esta compleja vida. Quiero sentarme a la orilla del mar, hundir los pies en la arena mientras el sol da paso a la hermosa y bella noche. Quiero escuchar las olas, que el viento haga de las suyas en lo que queda de mi cabello.

Mirar la luna para seguir confirmando que en todos estos años, tu presencia aquí no tiene comparación alguna. Cariño, me veo contigo porque a esa edad quiero estar en casa, y tú siempre has sido mi hogar.

Me veo contigo porque siempre trabajamos por esto que tenemos, buscamos soluciones y no excusas. No culpamos, aceptamos y pedimos perdón. Me veo contigo porque, ¿acaso existe alguien más como tú? Me veo contigo porque sé que sí, que alguien mejor que yo muy probablemente esté entre esos miles y millones de personas en el mundo, pero aun sabiendo eso, ambos nos elegimos y renunciamos a esas opciones.

Así que sí, me veo contigo a esa edad, pero solo si tú quieres estar.

Hicimos fuego de las cenizas

Porque hicimos fuego donde solo quedaban cenizas, cenizas de los estragos de amores pasados.

Sé que nadie nos lo va a creer, aun así, estoy seguro de que tu alma llamó a la mía en medio del caos y lo cotidiano de la vida. Y como un eco viajando en el complejo y desconocido destino, todo de mí resonó por ti.

Sinceramente, no sé cómo lo hizo, que siguiendo tu voz, mi alma te encontró. Sin ninguna pista, ningún atajo, a ciegas y sin conocerte llegó. Nos lo pusieron difícil porque ambas almas sabían que había conexión, es solo que se sentaron a observar cómo tú y yo empezábamos a cortejar.

Sé que nadie nos lo va a creer, pero yo creo que esto que tenemos ya era desde antes de poder ser. Y solo lo confirmamos con cada beso que sabía a vidas pasadas, en las que lo vivido fue tan hermoso que tu alma y la mía se negaron a quedarse con solo vivirlo en una.

Sé que nadie nos lo va a creer, y es que la poesía solo intenta expresar lo que siente mi ser. Aunque la verdad es que lo que tú y yo construimos no tiene nada que ver con el destino, sino con las ganas que ambos le pusimos.

Un día te observé y me pregunté

Un día te observé y me pregunté, ¿cómo chingados acabé aquí? Sonreí y me respondí: ¿cómo no iba hacerlo, si disfruto verte bailar aun bajo la tormenta? Es que de verdad tienes ese no sé qué que te hace diferente al resto. Podría encontrarte aun en la oscuridad, reconocer tu olor y tu voz, en este mundo tan inmenso.

Si lo piensas bien, ni yo te conocí a ti, ni tú a mí. Fue la vida quien nos vio separados y dijo: "Es una lástima que estas dos almas, no logren encontrarse". Y nos hizo el favor. Favor que en mi vida voy a poder pagar, pero te prometo vida, no te voy a fallar.

Te voy a cuidar, de eso no cabe duda. Porque lo que cuidas perdura y aunque nada me asegura que en esta vida dura llegaremos al final, el viaje contigo lo vale todo.

Quizá no va a ser fácil, algunas veces será 40-60, 60-40, y otras 90-10, pero mientras estés y quieras, una vida entera nos espera.

Un día te observé y me pregunté: ¿cómo chingados acabé aquí? Entonces te vi, sonreí y me respondí: porque eres justo lo que un día pedí.

Aún recuerdo nuestra primera cita

Aún recuerdo nuestra primera cita, porque fue de esas que no tienes con cualquiera, justo como si te conociera de una vida entera. No creo en las casualidades, pero si fueras una de ellas serías la más bonita de todas.

Recuerdo nuestra primera cita y mi corazón palpita, no es que ahora no lo haga, pero recordarlo me invita. Ese día sin saberlo se selló nuestro destino y desde entonces aquí seguimos en el camino.

Nuestra primera cita fue solo el comienzo de un amor que sigue creciendo, sin ningún impedimento. Cada día a tu lado es como un nuevo inicio, un regalo del destino, un dulce vino tinto.

Quien diría que después de aquella primera cita las cafeterías se iba a hartar de nosotros, de nuestras risas y nuestra falta de prisa.

Si algo jamás olvido de nuestra primera cita fue que tenerla, me cambió la vida.

¡Qué bonito es besar tu frente!

Qué bonito es besar tu frente por las noches y al despertar. Es como el primer rayo de sol en la mañana, llenándome de calor y energía para enfrentar el día. Qué bonito es besarla cuando llegas de trabajar o te vas. Pensándolo bien cualquier pretexto es bueno para besar tu frente. Curioso porque ahora sabes no eres pequeña, es solo que tienes la estatura perfecta para que mis labios se encuentren con tu frente.

Que bonito es besar tu frente al abrazarte, al consolarte o animarte. Puede que tus labios le tengan envidia, y aunque besarlos me llena de energía, besar tu frente me devuelve a la vida.

Tu frente, mi libro de secretos, guarda las historias del amor que nos tenemos, que solo nosotros conocemos. Besar tu frente hace que se me olvide mi primer beso y ese se convierta justo en el primero.

Quiero besar tu frente por todo el mundo y el que el mundo sepa lo mucho que te quiero. Besarla y ser el primero. Que mis besos en tu frente te hagan saber que mi amor por ti, es sincero.

Conocí a alguien que me cambió la vida

Conocí a alguien que me cambió la vida sin darse cuenta, y sin darse cuenta ya era parte de ella. Conocí a alguien que apostó por mí y decidió quedarse aquí aun cuando lo que le prometía verlo no podía.

Conocí a alguien diferente al resto, alguien que no te topas dos veces en la vida, de esas personas que vez a lo lejos y te preguntas: ¿Cómo sería recorrer el mundo juntos? ¿Cómo sería caminar tomados de la mano? Estar en los buenos momentos, pero también en los malos.

Conocí a alguien que realmente me vio, y no solo fingió hacerlo. Que se preocupó, me procuró y le lloró conmigo. Que se sentó a mi lado para hacerme compañía, porque entendió que a veces la palabras sobran cuando cuando es grande la herida.

Conocí a alguien que se permitió compartir conmigo, que me presentó a sus amigos y me mostró que para volar no necesito alas, si no ganas. Alguien que me enseñó que vale la pena volverse a dejar sentir porque el amor así, se tiene que vivir.

Conocí a alguien que sacó lo mejor de mí, alguien que no se puede describir y con quien gracias al universo tengo la fortuna de haber podido coincidir.

El día que te conocí

El día que te conocí el mundo se detuvo; bueno, al menos mi mundo. Podría jurar que el tiempo nos observó intercambiar miradas, sonrisas y emociones que ni nosotros percibíamos. O tal vez sí, pero ninguno quiso ir deprisa, aun sabiendo que ya no habría vuelta atrás. Entonces, el tiempo se detuvo para darnos unos minutos más y observar si alguno de los dos tendría el valor para aceptar que ya no había que buscar más.

Desde ese entonces, mis latidos se aprendieron tu nombre. Día y noche lo recitan para que, al recostarte en mi pecho, así de cerquita, puedas saber que por ti palpita.

Sé que a veces nos cuesta entender cómo sucedió tan rápido y qué lo hizo especial, pero si te pones a pensar, especial no es, porque especial se queda corto comparado con la improbabilidad de que tú y yo, si quiera nos pudiéramos conocer.

Lo que tenemos va más allá de una simple casualidad o la teoría de la relatividad, porque en el vasto espacio y tiempo, tu vida y la mía se cruzaron en aquel lugar de nuestro encuentro.

Sé que hay hilos invisibles creando nuestra historia, promesas que no vemos aún, pero que están ahí en algún baúl del universo esperando su tiempo.

Estoy seguro que lo nuestro conmueve al universo, y sería capaz de doblar el espacio y tiempo por si en el camino nos perdemos, nos volviéramos a encontrar.

Los secretos bajo las sábanas

Si alguien pudiera contar nuestra historia de amor, serían las sábanas de nuestra habitación. Y no me refiero a aquellos momentos que se dejan a la imaginación del lector.

Hablo de las veces que nuestras sábanas se llenaron de lágrimas y silencios. Hablo de las veces que nos llamaron necios porque preferimos guardar el perdón bajo la cama y nos fuimos a dormir espalda con espalda.

Si las sábanas hablaran, contarían de nuestra historia de amor, que no fue fácil por cierto, porque para nada es como las de los cuentos de hadas. Llorarían al contarla por haber presenciado a dos seres imperfectos transformándose todos los días, para que el amor les dure todo la vida.

Hablarían de las veces que desperté primero y verte dormir era inevitable para mí. Cómo no iba a serlo si desde el día que te conocí, soñaba con estuvieras aquí.

Nuestra historia de amor

Podría contar nuestra historia de amor, porque la conozco perfectamente; sin embargo, tendría que explicar la teoría que tengo de lo que sucedió. Y hasta el día de hoy, no logró descifrar cómo tu corazón cortejó al mío sin tocarlo. Bastó una aproximación de unos cuantos centímetros en aquel primer abrazo para que mis latidos se sincronizaran con los tuyos en un compás que solo ellos entendieron.

Desde entonces, en cada abrazo buscaba emparejar sus latidos solo para comprobar, que había sido una simple casualidad, pero no lo fue. Por las noches podía escucharlo intentar de nuevo recordar aquel palpitar, y sin dejarme dormir pronto, noche tras noche fracasaba.

Un par de veces lo miré discutir con mi cabeza, negándose a dejarlo ir. La razón intentando convencerle que también se podía latir a otro ritmo, en otro compás, y hasta en otro momento. Mi corazón argumentó, que sí, se podía. Pero latir así, a tal punto de querer salirse del pecho, sin importar lo que pudiera pasar con tal de verle cara a cara, a ese corazón que sin decir nada lo hizo sentir todo, fue tan irreal que no lo podía dejar pasar.

Te buscó sin parar, me consta. A veces me pedía que cada abrazo durara más para comprobarle a la razón que decía la verdad. Que no se acordaba de tu nombre, apellido o del color de tus ojos, lo cual, para mí es algo que nunca pude olvidar.

Me hizo recorrer el mundo cegado por volver a latir como ese día en particular. Cientos y miles de abrazos tuvieron que pasar para que se diera cuenta que era tiempo de rendirse, de dejar de buscar. Lo lamento, me rindo —dijo. Y de nuevo hubo armonía entre la razón y él. Al fin pude dormir.

Podría contar nuestra historia, pero es demasiado difícil de explicar si no puedo comprobar que mi corazón nunca más se volvió a enamorar, hasta el día en el que te pudo encontrar.

Podría decirte que te quiero

Podría decirte que te quiero, pero es demasiado fácil hacerlo. Pronunciarlo me toma menos de 2 segundos y dejarlo de hacer me costaría toda una vida.

Así que procederé explicarte por qué. Te quiero porque aún puedo sentir eso que causabas en mí aquella primera vez que tus ojos me espiaban mientras distraído estaba, y al voltear se perdían en la nada, simulando no haberme mirando todo el rato.

Te quiero porque me aprendí tu nombre desde el primer día. Yo y todos mis sentidos lo deletreamos mientras caminábamos. Es que sonaba bien. A partir de eso, cada vez que alguien lo pronunciaba se asomaba en mí una sonrisa involuntaria que me delataba.

Te quiero porque mi piel podría reconocer a la tuya aun en la multitud, entre miles de roses y empujones, ninguna tendría el poder de hacerle sentir que es parte de ella.

Te quiero porque mi boca envidia a mi nariz cuando solo quieres mirarme de frente, juntando nuestras narices y martirizando a mis labios que gritan fervientes; bésame. Y tú sonríes porque lo sabes, porque te encanta que en el silencio de nuestras respiraciones mi corazón palpite al ritmo del tuyo y justo ahí, en sinergia, nuestros labios se fundan en un beso en el que pierdan la noción del tiempo.

Te quiero porque confías en mí y aunque no puedas ver lo que te prometí. No me juzgas ni me cuestionas y sin preguntar, me apoyas. Te quiero porque cuando llegaste aquí me demostraste que el amor es fácil; lo difícil es encontrarlo. Que muchas veces me enamoré y pocas realmente amé.

Así que la próxima vez que te diga que te quiero, sabes el porqué.

Cuando me miras, me desarmas

Hay personas miras a través de los ojos. Y están estás otras, que se miran por el ojal de los recuerdos. Presentes que te invitan a sentir, a vivir y disfrutar de los momentos. O pasados que, como agua, se escurren por nuestras manos. Tengo la fortuna de que eres de las personas que llegan a sacudir tu mundo, que te toman de la mano y te ponen a latir el corazón más fuerte que al correr un maratón.

Tuve la suerte que el destino decidiera entrelazar nuestros caminos y, sin demeritar el esfuerzo que hicimos para estar aquí, quiero que sepas que a tu lado soy feliz. Sé que eres mi presente y desconozco si serás mi futuro, aunque quiero que lo seas. No espero encontrarme con los fantasmas de tu recuerdo en los lugares donde creamos historia. No quiero hacer memoria para tener que encontrarte; quiero estar a tu lado y cuando me pregunte si eres real, tocarte.

Quiero mirarte a los ojos y que me sonrías al despertar. Admirarte y que me admires. Buscarte entre las sábanas, pero también en los momentos difíciles convencerte de que todo va estar bien. Y si no me crees, llevarte al mar. Acercarte a la orilla y demostrarte que aun a él lo tienes a tus pies, pero te la tienes que creer.

Hay personas que se miran a través de los ojos y esconden paisajes. Y luego estás tú, que cuando me miras, me desarmas.

Me gusta llegar a casa

Me gusta llegar a casa porque huele a ti, y oler a ti me gusta. Bueno, es una de las cosas que me gustan. Porque si pudiera enumerarlas, lo que más me gusta de ti es que estás aquí. Que podamos ir por calle y solo tengo que estirar la mano por detrás para que entiendas necesito tomar la tuya.

Me gusta llegar a casa porque sé que siempre puedo encontrarte allí, que al final del día siempre podemos solo existir y olvidarnos del mundo. Y cómo no hacerlo si en casa te conviertes en mi universo. Estar en casa es sinónimo de libertad, seguridad, pasión y complicidad. Contigo entendí el amor, porque dejé de buscar explicación y comencé a sentir. No más dudas, no más futuros inciertos, no más miedos.

Me gusta llegar a casa y hablar de nuestros días, y de una que otra cosa sin sentido.

Y aunque a veces al llegar al final del día, te encuentro dormida, quiero que sepas que te miro y agradezco que estés aquí. Porque eres exactamente lo que un día pedí.

El momento perfecto

No tengo que esperar el momento perfecto para decir que sí, el simple hecho de que estés aquí lo hace perfecto. No necesito años ni señales divinas para saber qué contigo quiero pasar el resto de mis días. Es más, ¿por qué esperar tanto tiempo si el resto de mis días puede comenzar hoy?

No hay momento perfecto cuando se trata de ti, porque todos lo son. Cuando sonríes y me miras, me haces saber que sonríes por mí. Aún no descubro si te burlas o sonríes de nervios; prefiero pensar que son los nervios.

Cariño, contigo no tengo que esperar ningún pinche momento, porque no me queda duda de que tú eres el momento perfecto.

Tus piecitos helados

Quiero volver a sentir tus piecitos helados junto a los míos los fines de semana mientras vemos nuestra serie. Quiero volver a sentirlos por las noches cuando me pides que le suba al aire.

Quiero volver a sentir tus piecitos helados bajo la mesa cuando suben por mi pierna como señal de que tenemos que irnos. Daría todo por volver a sentirlos una vez más en las noches, en las mañanas, en la vida.

Quiero volver a sentir esos piecitos helados porque ellos me recuerdan que estás ahí, que te sientes libre y parte de mí.

Llevo un más de un mes de conocer tu piel

Llevo más de un mes de conocer tu piel, de saborear tus labios y de perderme en los paisajes de tus ojos. Llevo más de un mes de tomar tu mano y me siento tan conectado a ti que no encuentro la forma de poderlo describir. Es tan corto el tiempo y siento que tengo una vida de conocerte, ¿a acaso es que fue obra del destino porque tuvimos una historia tan perfecta, que no nos alcanzó en otra vida y la continuamos en esta?

Tal vez, quizá, no lo sé. Pero tus labios saben a futuro, pasado y presente. Es como si nunca hubiera dejado de habitar en ellos. Llevo más de un mes de conocerte, de saber a ti. Tengo esa fecha grabada en mi pecho y mi corazón nuca la olvida porque ese día latió como jamás en la vida.

Llevo más de un mes de conocer tu piel, los caminos de tu espalda y lo peligroso de tus curvas y sin embargo aceleré, porque aún me falta mucho por recorrer.

El tiempo es relativo

El tiempo como la vida es relativo, y diferente desde la perspectiva de cada quien, pero cariño contigo el tiempo es infinito. Podría pasar cada segundo de mi vida escuchándote hablar, poniendo atención a los detalles de tus planes, de tus metas y de las heridas que aún están frescas. Tal vez no tenga la cura para tus males, pero cuando se trata de ti me sobra el tiempo. Soy capaz de inventarme uno que otro remedio, y si no funciona, entonces puedo amarte donde más te duele.

El tiempo es relativo si lo comparo con las horas del día que paso pensando en ti, y lo poco que puedo decir cuándo me preguntan lo que me haces sentir, porque no me daría tiempo para poderlo describir.

El tiempo es relativo, pero contigo es diferente, porque cuando estamos juntos quiero que pase lento y cuando no estás ni lo veo pasar. Es complejo, pero si de algo le agradezco es que me permitió encontrarte justo a tiempo.

Caminar a tu lado

Caminar a tu lado es como descubrir un rincón secreto del universo, en donde el tiempo se desvanece entre sonrisas compartidas. Es escribir una historia en cada paso, y permitir al mundo ser testigo que el amor real aún existe. Y es que caminar a tu lado no es solo andar y ya. Es saber que si uno se cae, el otro siempre estará para ayudar.

Caminar a tu lado es dejar huella en cada paso y, construir un puente entre dos almas que por fin se han encontrado después de tanto caminar por senderos equivocados.

No tengo prisa por correr, porque disfruto caminar a tu lado al ritmo de la vida, bailando nuestra canción preferida. Así que no tengo prisa por llegar a un destino, porque el verdadero tesoro, está en caminar a tu lado.

Contigo fui feliz

Convives con cientos de personas al día, cada una de ellas te sonríe y te da los buenos días. Amables, no lo sé, tal vez por cortesía. Todos los días una sonrisa nueva, exactamente la misma anatomía. Algunas a medias y otras completas, algunas fingidas y otras cansadas. Tengo una amplia gama de sonrisas en mis recuerdos y, que yo recuerde ninguna como la tuya.

Y es que la tuya más que sonrisa, es la obra de arte con la que el artista se retiró, porque estaba seguro nunca iba a crear una mejor. No quiero decir que sea perfecta, porque a veces llora y grita de dolor, pero sin duda es de aquellas que siempre dan lo mejor.

El universo entero celebra tu alegría, y yo muero cada vez que sonríes porque siempre recuerdo la primera vez que en medio de todo el mundo, solo a mí me sonreía. Quisiera enmarcar tu sonrisa y lo que me hace sentir, por si algún día dejamos de existir, el mundo nunca olvide, que contigo fui feliz.

Cuando la piel revele mi edad

Cuando la piel revele mi edad, mi cabello blanco me dé el poder de comenzar a contar historias y mis piernas decidan no moverse más, solo espero una cosa; que mi mente jamás te vaya olvidar. Me quedo tranquilo porque sé que mi corazón siempre te va a reconocer y, muy en el fondo aunque quiera gritarlo y ya no sepa como, buscará la forma de hacértelo saber.

No me quiero adelantar, pero todos vamos para allá, y prefiero prevenir que lamentar. Eres la historia más bonita, la que nunca tendrá un final, la que siempre voy a contar y que hablará de un amor real. Quizás no me crean la historia que vivimos, pero no me importa porque siempre voy a predicar desde el amor que nos tuvimos.

Escribo para mí y para ti, por si algún día alguien tiene que partir o se nos olvida la vida que vivimos, al menos cada verso hablará de lo que hoy sentimos. Nada es eterno, excepto aquello por lo que agradecemos y, te prometo que hasta en mi último suspiro agradeceré por ti, y solo así, seremos eternos.

Te cuento de ella

Déjame te cuento de ella, una niña cabronamente bella. No se maquilla porque si al natural te cagas, maquillada te mueres. De esas que te enamoran con su inteligencia y te rematan con su belleza. Algunas veces se recoge el cabello y otras se lo deja al viento. No es tan alta pero su corazón toca el cielo, y cuando sonríe ya no hay vuelta atrás, porque sabes que desde ese momento y mientras te lo permita, tu trabajo será impedir que esa sonrisa se extinga.

Para algunos una niña equis, para mí, de esas que cuando te miran no necesitas más. Con un potencial cabrón, pero del que quizá no se da cuenta. Y pensar que un día fuimos completos desconocidos. Que si la conocía antes igual y no funcionaba, y hoy; hoy no la cambio por nada.

Eres mi canción favorita

Eres mi canción favorita, esa que me pone la piel de gallina y el corazón a latir cuando la canto en voz alta. La que me hace subir el volumen mientras conduzco y me lleva a apreciar más lo bello de la vida. Eres mi canción favorita, esa que suena al caminar a la orilla del mar, mirando el atardecer o tomando un café. La que me acompaña en mis días malos y en los buenos también. Esa que nunca quiero dejar de escuchar en la vida.

Por favor, nunca dejes de sonar en mis días; los haces mejor de lo que ya son. Eres el estribillo que se repite en mi mente, que alegra mis mañanas y suaviza mis noches.

Sinfonía perfecta, banda sonora y hasta la letra que quiero tatuarme. Mi melodía eterna, la que nunca se desvanece, y mientras sigas sonando en mi corazón, seguiré bailando al ritmo de tu canción.

Los dos sabemos

Los dos sabemos cómo va a acabar esto, para qué nos hacemos. Por mucho tiempo yo pedí alguien como tú, y tú, simplemente fuiste tú. Los dos sabemos que al mirarnos hay futuro en ese cruce de pupilas.

El mundo nota nuestra química y, pareciera que nosotros necesitamos una señal divina para confirmar algo tan obvio. Y es que si no queda claro para ti, o no ves la gran señal de que al salir por el café, nadie quiera ver el fondo de su taza para evitar decir: gracias por todo, me tengo que ir. No sé qué más necesitas.

Sé que esperas ese mensaje diario con el pretexto más absurdo para platicar. Y yo muero por escribirlo; es solo que se me han acabado los pretextos. Por eso a veces desaparezco. Aun así duermo con el teléfono a un costado, agarrado a la ilusión de que por la mañana despertaré con un mensaje tuyo.

Los dos sabemos cómo va a acabar esto, es cuestión de tiempo y nuestros labios nos lo dicen a gritos cuando se sonríen y se desean. En fin, los dos sabemos cómo va a acabar esto, porque así como todos los días piensas en mí, yo pienso en ti.

Tengo inquietud

Tengo inquietud por mi futuro, y es que desde que supe que contigo quería compartirlo, no dejo de pensar en que llegue ese día. Muero de ganas por despertar con el brazo entumido, después de haber dormido toda la noche abrazados.

Despertarte con el olor a café y pancakes recién hechos. Deseo tanto esas pláticas por la mañana antes de ir al trabajo, y ese beso que aunque lleva prisa es necesario para llegar al final del día.

Tengo inquietud por ese futuro donde ya no habrá mas, un: me tengo que ir, ya es tarde. Y en vez de eso, serás tú pidiéndome que no tarde en ir a la cama contigo.

Tengo inquietud de que mi futuro comience ya, pero solo si tú estás.

Te elijo

No te quiero para mi vida porque ese amor se quedaría corto, y no me daría una vida para quererte. Lo que siento por ti trasciende tanto, que no encuentro medida para expresarlo. Si te digo te amo, se siente ordinario. Si te digo te quiero, suena sincero, sin embargo, si te digo te elijo; se acerca un poco.

No te quiero para mi vida porque me di cuenta que suena loco, y no es una medida. Pero te quiero para mi ahora, y el resto de mis días.

El oleaje de tu recuerdo.

Tú y el atardecer

Mientras tú piensas que no eres suficiente,
hasta el mar le dijo al sol al fundirse con el
horizonte mientras los veías.

—Ella cree que el atardecer es bello,
si supiera que él sale solo para verla—.

El día en que te vi

Aún estoy tratando de averiguar cómo me enamoré de ti. No tengo idea si fueron los atardeceres en tus ojos, la poesía de tus labios o el arte en tu sonrisa. Ya ni siquiera supe, después de cuántas tazas de café me di cuenta de que había decidido pasar el resto de mi vida contigo. ¿O fue después de la última cerveza?

No recuerdo el día exactamente, pero lo que sentí lo llevo tatuado desde aquel entonces. A veces pienso que fueron las idas al supermercado las que me hicieron proyectar, que algún día estaríamos llevando cosas para nuestro hogar. Es difícil decidir el punto exacto. Recuerdo el día en que conocí a tus amigos y tuviste miedo de perderlos, porque al parecer me amaron más que a ti. Y a ver, no es que literalmente fueras a perderlos, pero algo hizo clic en tu vida y en la mía.

Fue como si tuvieras el espacio perfecto para mí. Y no hablo de la pieza que faltaba, sino de aquellas cosas que funcionan perfectamente por separado, pero juntas son mejores. Como el pan y el café, la cerveza y la botana, el brownie y el helado, tú y yo, por ejemplo.

Aún sigo averiguando cómo me enamoré de ti, y sabes algo, voy llegando a la conclusión de que fue con el simple hecho de verte siendo tú.

Tus ojos cafés

Sus ojos no son verdes ni azules, esos son lindos, y a la mayoría gustan. Los suyos son cafés. Son de esos que te hacen sentir con solo mirarlos. Que te atraviesan sin herirte, que te hacen desear un futuro a su lado, y también te llevan al pasado para preguntarte qué carajos hacías y por qué no los estabas buscando. Sus ojos eran tormenta y calma a la vez, exactamente el tipo de ojos que no puedes decirles que no.

Ojos que en cada pestañeo te cuentan una historia, que llevan lágrimas y brillan por todas las batallas ganadas. Sus ojos son de ese café que te roba el sueño, porque solo te preguntas cuanto falta para que amanezca y pueda volver a verlos. Sus ojos son mañanas y atardeceres, pero nunca noche, porque llevan luz.

Soy fan de ese par de ojos cafés que cuando me miran me hacen temblar y agradecer, por tener la dicha de siempre poderlos ver.

Cada latido

Cada latido mío lleva tu nombre, y por más que hubiese querido ocultarlo la sonrisa que se asomaba en mi rostro al verte, me delataba. No sé si fue tu forma de verme, tu manera de hablarme, tus ojos, tu sonrisa o que hasta en sueños te veía. Y ni hablar de tu olor. Antes tenía que esperar para volverlo a sentir de lejos, hoy mi ropa huele a ti, mis brazos, mi pecho, mi vida.

Cada latido mío grita tu nombre y apellido, para que no haya malos entendidos. Y aunque no podría haberlos porque nadie lo hace latir como tú, prefiere que sea así. Es extraño pensar que antes de ti jamás imagine que existiera alguien como tú, y desde que llegaste, el "jamás" dejó de ser imposible para mí.

Cada latido de mío soñaba con algún día latir así, y ahora que estás aquí, lo puede vivir.

AGRADECIMIENTOS

No sé si lo vayas a leer, pero gracias Dios. Por las cosas que no me explico, pero me ayudaron a llegar hasta aquí.

Para cuando ya sepas hablar español, carnal. Gracias, Jaren, porque, conociéndome poco y sin hablar español, compraste mi libro y a todos les decías que tenías un amigo escritor.

A Josué, que me enseñó de la vida y ni cuenta se dio. Es cuestión de tiempo para que la vida te regrese lo buen pedo que eres con las personas.

Clau, no dimensiones lo agradecido que estoy contigo, que no me daría un par de líneas para agradecerte. Pero fuiste mi flotis cuando me hundía.

Ari, a ti que tienes un corazón enorme. Que has apoyado mis ideas locas desde que tengo memoria. Que tu amistad es el claro ejemplo de que aquí o en China siempre vas a estar.

A mi familia, que nunca ha dejado de creer en mí, a mis hermanas, mi madre, mis dos padres, mis tíos y primos.

A mis amigos que se convirtieron en familia y comprobé que, aun a la distancia, nada nos separa. Nos faltan dos amigos y dos sobrinos. Abrazo hasta Australia.

Tú ya eres clienta. A la amistad que no imaginé y ahora, por ningún motivo, quiero perder. En este momento estás por ser mamá ¡qué loco! Gracias, Nelly.

Aunque ya están incluidos, quiero hacer mención de los hermanos mayores que la vida me regaló sin pedir. Víctor y Erick, gracias por tanto.

Y a ti que, aunque ya no estás, cuando estuviste me dejaste claro que nadie creía más en mí, como tú. Te agradezco lo que duró y como lo prometí. Parte de este libro es para ti, porque pertenece a aquella etapa.

He aprendido tanto en estos años que me es imposible compartirte todo. Así que voy a intentar resumirlo. No te voy a mentir, no se consiguen las cosas esforzándote, madrugando, trabajando y todas esas chingaderas que nos dicen. En mi experiencia, he sido una persona disciplinada estos últimos años. He trabajado realmente duro, salí de mi país, volví, seguí trabajando y lo sigo haciendo. No estoy en donde quiero, pero si algo aprendí fue a dejar de medirme con el estándar de los demás. Comencé a preguntarme qué es lo que me hace feliz a mí.

Al principio me dio miedo porque no encajaba en lo "normal". Comprobé que el dinero no tiene valor cuando no tienes con quién compartirlo. Qué los momentos valen más cuando se escriben con las personas que amas. Que vestir prendas caras se siente igual. Me compré la idea de la vida ideal y la devolví. Echarle ganas no te asegura tener éxito, estar preparado para las oportunidades sí.

Gabriel Montiel lo dijo una vez: no puedes ser el mejor en lo que haces cuando estás pensando que no tienes qué comer.

Un problema a la vez. Una amiga me enseñó a dejar de pensar en el mañana y resolver con lo que tengo hoy. Si ya descubriste qué es lo que quieres, no lo sueltes, pero primero ocúpate de aquello que te impide enfocarte solo en eso.

Un corazón roto sana, pero el tiempo perdido no regresa.

Instagram: @eljotace_
Facebook: @eljotase
Twitter: @eljotace_
Spotify Podcast: Eljotace
Youtube: eljotace_

Printed in Great Britain
by Amazon

45467939R00061